合わせ調味料 × 食材 ＝ 無限大

地味でも絶品

副菜手帖

作り置きできて、
お弁当にも！

kana 著
side dish notes

はじめに

毎日の食事作りやお弁当作りをしていると
「いつも同じものを作っているな ……」
「あともう 1 品ほしい ……」
と思うことがあります。

新しいレシピや味付けを覚えるのは大変。
だったら、同じ味付けでも使用する食材を変えて
おかずのレパートリーを増やせないか?
と考え作り出したのが、この『副菜手帖』です。

同じ味付けでも食材が変われば、
また違うおいしさが生まれます。
本書では簡単に作れる「合わせ調味料のもと」と
様々な食材を組み合わせて
104 の副菜＆主菜レシピを紹介しています。

もちろん、他の食材と組み合わせて
自分なりにアレンジしてみるのもおすすめです。
みなさんの日々の料理に
お役立ていただければ嬉しいです。

目次

contents

1章
和える副菜

2章
漬ける副菜

3章
炒める副菜

4章
煮る副菜

もう1品ほしい　　いつも同じおかずになっちゃう

そんな悩みを解決する！

合わせ調味料 × 食材のかけ算

合わせ調味料と食材の組み合わせを変えて、
いつもの副菜を新しく。
本書で使用する調味料は、ご家庭にあるような一般的なものばかりです。
今は自宅にない場合も、近くのスーパーですぐに手に入ります。

作り置きはもちろん、お弁当のおかずにできるものもたくさん。
本書で紹介している食材以外に
自分好みの食材と組み合わせて、オリジナル副菜を作ってみても。

合わせ調味料と食材のかけ算で、料理の幅がどんどん広がる。
日々の献立に悩まないヒントが見つかるはずです。

いろんな食材で
好みの副菜を！

合わせ調味料 ✕ 食材のかけ算って?

‖ 基本のナムルのもと ‖

ごま油　　おろし　　鶏ガラ　　　塩　　白いりごま
　　　　にんにく　スープのもと

合わせ調味料

✕

ほうれん草 にんじん もやし	わかめ しらす

食材

✕

||

‖ 3色ナムル ‖　**‖ わかめとしらすのナムル ‖**

完成!

豆腐にのっけて
ナムル冷奴にも!

熱々のごはんに
のっけてもいい!

作り置きで気をつけたいポイント

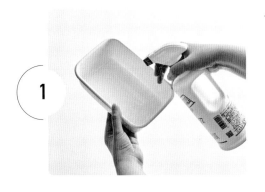

保存容器の消毒は
しっかりと

ガラス製、ホーロー製、プラスチック製など様々な保存容器がありますが、どれも清潔なものを使用し、蓋も忘れずにアルコール消毒しましょう。

調理器具も清潔に

調理器具も清潔なものを使いましょう。特に和え物など加熱状態で終わらない料理は、使用するボウルや箸、スプーンなどを事前にアルコール消毒するのが理想です。

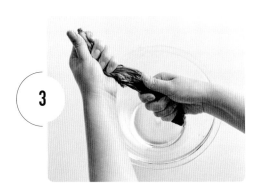

水気はよく切る

水分が多いと菌が繁殖しやすいので、もともと汁気のあるおかず以外は水分をよく絞ったり拭いたりして調理しましょう。

しっかり冷ましてから
冷蔵庫・冷凍庫へ

熱いうちに蓋をすると、水滴が溜まって傷む原因に。また冷めないうちに冷蔵庫・冷凍庫に入れると他の食材が傷む可能性もあるので、容器に入れたら網の上や保冷剤の上に置くなどしてなるべく早く冷まし、冷めてから蓋をして冷蔵庫・冷凍庫へ入れましょう。

調理した日がわかるように
ラベルを貼る

いつ作ったのかが一目でわかるように、保存容器にラベルを貼っておくのがおすすめ。レシピごとに保存日数を明記しているので、その日にち以内に食べ切るようにしましょう。なるべく傷みやすいものから消費するのがベター。

取り分ける時は
清潔な箸を使う

取り分ける箸は清潔な状態のものを使用して、残りの料理がクリーンな状態を保てるようにしましょう。取り分ける際、蓋に水滴がついていればその都度拭き取って。

\\ レシピページはこんな風になっています //

左ページには
合わせ調味料のレシピ

右ページには
その合わせ調味料を使った
おかずレシピ2つ

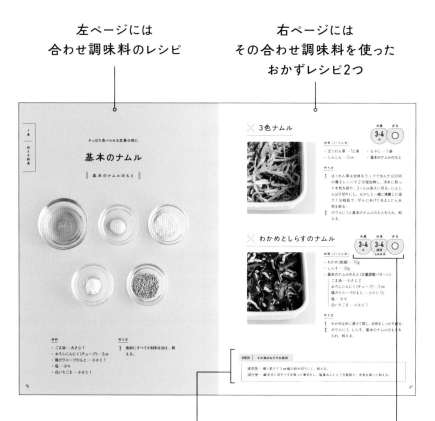

紹介している2つのレシピ以外にもおすすめの食材を紹介。

冷蔵・冷凍保存できるレシピには、それぞれ目安の保存日数を明記しています。お弁当にOKなレシピもこのアイコンでチェックを。

- 材料の表記は大さじ1=15㎖(15cc)、小さじ1=5㎖(5cc)です。
- レシピには目安となる分量や調理時間を表記していますが、様子を見ながら加減してください。
- 飾りで使用した材料は明記していないものがあります。好みで追加してください。
- 野菜類は、特に指定のない場合は、洗う、皮を剥くなどの下準備を済ませてからの手順を記載しています。
- 火加減は、特に指定のない場合は、中火で調理しています。
- バターは、特に指定のない場合は、有塩・無塩のどちらを使用しても構いません。
- こしょうは、特に指定のない場合は、一般的なテーブルコショーを使用しています。

1章

和える副菜

さっぱり食べられる定番の味に

基本のナムル

‖ 基本のナムルのもと ‖

材料

- ごま油…大さじ1
- おろしにんにく（チューブ）…3cm
- 鶏ガラスープのもと…小さじ1
- 塩…少々
- 白いりごま…小さじ1

作り方

1 食材にすべての材料を加え、和える。

╳ 3色ナムル

冷蔵
3~4
日

弁当
○

材料（2～3人分）

- ほうれん草 … 1/2 束
- にんじん … 5cm
- もやし … 1袋
- 基本のナムルのもと

作り方

1 ほうれん草は全体をラップで包んで600W
  の電子レンジで2分程加熱し、冷水に取っ
  て水気を絞り、3～4cm長さに切る。にんじ
  んは千切りにし、もやしと一緒に沸騰した湯
  で1分程茹で、ザルにあげて冷ましたら水
  気を絞る。

2 ボウルに1と基本のナムルのもとを入れ、和
  える。

╳ わかめとしらすのナムル

冷蔵
3~4
日

冷凍
3~4
週間
（自然解凍）

弁当
○

材料（2～3人分）

- わかめ（乾燥）… 10g
- しらす … 30g
- 基本のナムルのもと（分量調整パターン）
    ごま油 … 小さじ2
    おろしにんにく（チューブ）… 2cm
    鶏ガラスープのもと … 小さじ1/2
    塩 … 少々
    白いりごま … 小さじ1

作り方

1 わかめは水に浸けて戻し、水気をしっかり絞る。

2 ボウルに1、しらす、基本のナムルのもとを
  入れ、和える。

CHECK | その他のおすすめ食材

オクラ … 軽く茹でて5mm幅の斜め切りにし、和える。
ゴーヤ … 縦半分に切りワタを取って薄切りし、塩揉みしたら1分程茹で、水気を絞って和える。

旨味と程よい塩気で箸が進む

塩昆布ナムル

‖ 塩昆布ナムルのもと ‖

材料

・塩昆布…10g
・ごま油…大さじ1
・おろしにんにく
　　（チューブ）…3㎝

作り方

1　食材にすべての材料を加え、
　　和える。

キャベツの塩昆布ナムル

冷蔵 3~4 日
弁当 ○

材料（2~3人分）

・キャベツ … 3~4枚
・にんじん … 3cm
・塩昆布ナムルのもと

作り方

1 キャベツはざく切りに、にんじんは千切りにして耐熱容器に入れ、ラップをして600Wの電子レンジで2分程、キャベツがしんなりするまで加熱する。粗熱が取れたら水気を絞る。

2 1に塩昆布ナムルのもとを加え、和える。

小松菜とちくわの塩昆布ナムル

冷蔵 3~4 日
冷凍 3~4 週間
弁当 ○

材料（2~3人分）

・小松菜 … 1束
・ちくわ … 2本
・塩昆布ナムルのもと

作り方

1 小松菜はラップに包み600Wの電子レンジで2分程加熱し、冷水に取って水気を絞り、3~4cm長さに切る。ちくわは3mm幅の斜め切りにする。

2 ボウルに1と塩昆布ナムルのもとを入れ、和える。

CHECK | その他のおすすめ食材

トマト … 食べやすい大きさに切って和える。

かぶ … 薄切りして塩揉みした後、水気を絞って和える。葉も入れると彩りがよい。

ごはんにもお酒にも合う

ピリ辛ナムル

‖ ピリ辛ナムルのもと ‖

材料

- ・醤油…大さじ1
- ・コチュジャン…大さじ½
- ・砂糖…大さじ½
- ・白いりごま…小さじ2
- ・ごま油…小さじ1と½

作り方

1 すべての材料を混ぜ合わせ、
食材と和える。

✕ にらのピリ辛ナムル

冷蔵	冷凍	弁当
3~4 日	**3~4** 週間	○

材料（2～3人分）

- にら … 1束
- ピリ辛ナムルのもと

作り方

1 にらは洗って水気を拭き取り、3～4cm長さに切る。

2 ボウルに1とピリ辛ナムルのもとを入れ、和える。

MEMO にらは加熱してから和えてもOK。

✕ 長ねぎのピリ辛ナムル

冷蔵	冷凍	弁当
3~4 日	**3~4** 週間	○

材料（2～3人分）

- 長ねぎ … 1と1/2本
- ピリ辛ナムルのもと

作り方

1 長ねぎは5mm幅の斜め切りにして耐熱容器に入れ、600Wの電子レンジで1分～1分30秒、しんなりするまで加熱する。出てきた水分は捨てる。

2 ボウルに1とピリ辛ナムルのもとを入れ、和える。

CHECK | その他のおすすめ食材

ほうれん草 … 茹でて水気を絞り、3～4cm長さに切って和える。
もやし … 茹でて水気を絞り、和える。

風味豊かでおいしい

ごま和え

‖ ごま和えのもと ‖

材料

・白すりごま…大さじ 1
・醤油…小さじ 2
・砂糖…小さじ 1 と ½

作り方

1　食材にすべての材料を加え、
　　和える。

✕ キャベツと油揚げのごま和え

冷蔵	弁当
3~4 日	○

材料（2~3人分）

- キャベツ … 2~3枚
- 油揚げ … 1/2枚
- ごま和えのもと

作り方

1 キャベツは小さめのざく切りにし、さっと茹で火を止める。油揚げは短冊切りにし、ザルに入れる。

2 茹でたキャベツを湯ごと油揚げを入れたザルに流し入れ、キャベツの水切りと油揚げの油抜きを一度にする。冷めたら水気を絞る。

3 ボウルに**2**とごま和えのもとを入れ、和える。

✕ ほうれん草と しめじのごま和え

冷蔵	冷凍	弁当
3~4 日	**3~4** 週間	○

材料（3~4人分）

- ほうれん草 … 1束
- しめじ … 1/2パック
- にんじん … 5cm
- ごま和えのもと

作り方

1 ほうれん草はラップで包み、600Wの電子レンジで2分程加熱する。冷水に取って水気を絞り、3~4cm長さに切る。しめじはほぐし、にんじんは千切りにして耐熱容器に入れ、ラップをして600Wの電子レンジで2分程加熱する。水分が出ていたら捨てる。

2 ボウルに**1**とごま和えのもとを入れ、和える。

CHECK | その他のおすすめ食材

スナップエンドウ … 筋を取って塩茹でし、食べやすい大きさに切って和える。
小松菜&かまぼこ … 小松菜は茹でて水気を絞り、3~4cm長さに切って、かまぼこは短冊切りにして和える。

ほんのり優しい甘さ

ごま味噌和え

‖ ごま味噌和えのもと ‖

材料

- 味噌…大さじ 2
- 白すりごま…大さじ 2
- 白いりごま…大さじ 2
- 砂糖…大さじ 1 と 1/2
- おろしにんにく（チューブ）…3 cm

作り方

1 すべての材料を混ぜ合わせ、
食材と和える。

里芋のごま味噌和え

材料（2〜3人分）

・里芋 … 300〜400g
・長ねぎ … 5cm
・ごま味噌和えのもと

作り方

1 里芋は皮を剥いて食べやすい大きさに切る。長ねぎはみじん切りにする。

2 鍋に湯を沸かし、里芋を柔らかくなるまで15分程茹でる。茹で上がったら水気を切る。

3 ボウルに長ねぎとごま味噌和えのもとを入れ、混ぜ合わせる。

4 2を温かいうちに加え、和える。

アスパラのごま味噌和え

材料（2〜3人分）

・アスパラガス … 5〜6本
・ごま味噌和えのもと（分量調整パターン）
　味噌 … 大さじ 1/2
　白すりごま … 大さじ 1/2
　白いりごま … 大さじ 1/2
　砂糖 … 大さじ 1/2
　おろしにんにく（チューブ）… 1cm

作り方

1 アスパラは根元から2〜3cm切り落とし、根元側3〜5cmの皮をピーラーで剥く。

2 鍋に湯を沸かして塩（分量外）を入れ、1を2分程茹でる。冷水にさらして水気を拭き、4〜5cm長さの斜め切りにする。

3 ボウルに2とごま味噌和えのもとを入れ、和える。

CHECK | その他のおすすめ食材

さつまいも … 一口大に切って電子レンジで柔らかくなるまで加熱し、和える。
いんげん … 茹でて3〜4cm長さに切り、和える。

爽やかで軽い一品になる

柚子こしょう和え

‖ 柚子こしょう和えのもと ‖

材料

・柚子こしょう…小さじ 1/2
・ぽん酢…小さじ 2
・かつお節…2〜3g

作り方

1 柚子こしょうとぽん酢を混ぜ合わせる。

2 食材と 1 を和えてから、かつお節を加えて和える。

たけのこの柚子こしょう和え

冷蔵	冷凍	弁当
3~4 日	3~4 週間	○

材料（2~3人分）

- たけのこ（水煮）… 120g
- 柚子こしょう和えのもと

作り方

1 鍋に湯を沸かし、たけのこを3分程茹でる。ザルにあげ冷まして水気を切り、食べやすい大きさの薄切りにする。

2 ボウルにかつお節以外の柚子こしょう和えのもとを混ぜ合わせる。

3 2に1を加えて和え、かつお節を加えて和える。

枝豆の柚子こしょう和え

冷蔵	冷凍	弁当
3~4 日	3~4 週間	○

材料（2~3人分）

- 冷凍枝豆（さや付き）… 200g
- 柚子こしょう和えのもと(分量調整パターン)
  - 柚子こしょう … 小さじ 1/4
  - ぽん酢 … 小さじ 1
  - かつお節 … 1~2g

作り方

1 冷凍枝豆は解凍し、さやから実を取り出す。

2 ボウルにかつお節以外の柚子こしょう和えのもとを混ぜ合わせる。

3 2に1を加えて和え、かつお節を加えて和える。

CHECK | その他のおすすめ食材

三つ葉＆鶏ささみ … 茹でた鶏ささみを食べやすい大きさにほぐし、三つ葉は適当な大きさに切って和える。

大根＆きゅうり … 太めの千切りにした大根ときゅうりを塩揉みし、水気を絞って和える。

ナッツが香ばしい

ピーナッツ和え

‖ ピーナッツ和えのもと ‖

材料

- ピーナッツ(うす塩)…20g
- 醤油…小さじ2
- 砂糖…小さじ1
- 和風だし(顆粒)…少々

作り方

1 ピーナッツは細かく刻む。

2 食材にすべての材料を加えて
和える。

春菊のピーナッツ和え

材料（2~3人分）

・春菊 … 1袋
・ピーナッツ和えのもと

作り方

1　鍋に湯を沸かし、塩（分量外）を加え、春菊を
　　1分~1分30秒茹でる。冷水に取って水気
　　を絞り、3~4cm長さに切る。
2　ボウルに1とピーナッツ和えのもとを入れ、
　　和える。

豆苗のピーナッツ和え

材料（2~3人分）

・豆苗 … 1袋
・ピーナッツ和えのもと（分量調整パターン）
　　ピーナッツ（うす塩）… 10g
　　醤油 … 小さじ1
　　砂糖 … 小さじ1/2
　　和風だし（顆粒）… 少々

作り方

1　鍋に湯を沸かし、塩（分量外）を加え、豆苗
　　を40秒程茹でる。冷水に取って水気を絞り、
　　3~4cm長さに切る。
2　ボウルに1とピーナッツ和えのもとを入れ、
　　和える。

CHECK ┃ その他のおすすめ食材

ブロッコリー … 小房に分けて茹で、水気をしっかり切って和える。
小松菜＆木綿豆腐 … 木綿豆腐は一口大に崩して水気を切り、小松菜は茹でて3~4cm長さに切り、和える。

ピリッと引き締まる味

からし和え

‖ からし和えのもと ‖

材料

・めんつゆ(3倍)… 小さじ2
・水 … 小さじ1と½
・ねりからし(チューブ)… 3~4㎝

作り方

1 すべての材料を混ぜ合わせ、
食材と和える。

なすのからし和え

冷蔵
3~4
日

弁当
○

材料（2〜3人分）

・ なす … 2本
・ からし和えのもと
・ 白いりごま … 小さじ 1

作り方

1 なすは 1 本ずつラップに包み、600W の電子
　レンジで 3 〜 4 分加熱し流水で冷やす。へた
　を切り落とし、適当な大きさに手で裂いてボ
　ウルに入れる。

2 1 にからし和えのもとと白ごまを加え、和える。

小松菜のからし和え

冷蔵
3~4
日

冷凍
3~4
週間

弁当
○

材料（2〜3人分）

・ 小松菜 … 1 束
・ かまぼこ … 40g
・ からし和えのもと

作り方

1 小松菜はラップに包み、600W の電子レンジ
　で 2 分程加熱する。冷水に取って水気を絞り、
　3 〜 4 cm 長さに切る。かまぼこは 3 〜 4 mm 厚
　さの細切りにする。

2 ボウルに 1 とからし和えのもとを入れ、和える。

CHECK ｜ その他のおすすめ食材

菜の花 … 塩茹でして水気を絞り、3 〜 4 cm 長さに切って和える。
水菜＆油揚げ … 水菜は茹でて水気を絞り、3 〜 4 cm 長さに切る。油揚げは油抜きし短冊切りにして和える。

暑い日にぴったり

梅ぽん酢和え

‖ 梅ぽん酢和えのもと ‖

材料

・梅干し…2個
・ぽん酢…大さじ 1~2

作り方

1　梅干しは種を取り、果肉を
　　細かく刻む。

2　食材に 1 とぽん酢を加えて和
　　える。

ねばねば野菜の梅ぽん酢和え

冷蔵
2~3
日

材料（2～3人分）

・山芋 … 100g　　〈食べる直前に〉
・オクラ … 2本　　・かつお節 … 適宜
・なめこ … 50g
・梅ぽん酢和えのもと

作り方

1　山芋は1cm角に切る。オクラは塩（分量外）を
　　ふって板ずりする。

2　鍋に湯を沸かし、オクラをさっと茹でて取り
　　出し、輪切りにする。同じ鍋になめこを入れ、
　　1分程茹でて水気を切る。

3　ボウルに1、2、梅ぽん酢和えのもとを入れ、
　　和える。食べる時に好みでかつお節をかける。

きゅうりとささみの梅ぽん酢和え

冷蔵　弁当
3~4
日　○

材料（2～3人分）

・きゅうり … 1本　　・鶏ささみ肉 … 1本
・梅ぽん酢和えのもと（分量調整パターン）
　　梅干し … 1個
　　ぽん酢 … 大さじ 1/2～1

作り方

1　きゅうりは縦半分に切って斜め薄切りにし、
　　塩ひとつまみ（分量外）をまぶして10分程お
　　き、水気を絞る。

2　鍋に湯を沸かし、塩小さじ1（分量外）を加え
　　てささみを入れ、再沸騰したら火を止め蓋を
　　して10分程放置し、余熱で火を通す。粗熱
　　が取れたら食べやすい大きさに手で裂く。

3　ボウルに1、2、梅ぽん酢和えのもとを入れ、
　　和える。

CHECK　｜　その他のおすすめ食材

わかめ&きゅうり … 薄切りし塩揉みしたきゅうりとわかめを和える。
オクラ&海苔 … オクラは茹でて5mm幅の斜め切りにし、海苔はちぎって和える。

さっぱりとした風味

生姜めんつゆ和え

‖ 生姜めんつゆ和えのもと ‖

材料

- めんつゆ(3倍)… 小さじ2
- おろし生姜(チューブ)… 5〜6cm
- ごま油… 小さじ1と1/2

作り方

1 食材にすべての材料を加え、和える。

わかめとえのきの 生姜めんつゆ和え

冷蔵 3~4日　冷凍 3~4週間　弁当 ◯

材料（2~3人分）

・わかめ（乾燥）… 3g
・えのき … 1パック
・生姜めんつゆ和えのもと
・七味唐辛子 … 適宜

作り方

1 わかめは水に浸けて戻し、水気をしっかり絞る。えのきは3~4cm長さに切り、600Wの電子レンジで2分程加熱する。水分が出たら捨てる。

2 ボウルに1と生姜めんつゆ和えのもとを入れ、和える。好みで七味唐辛子をかける。

じゃがいもといんげんの 生姜めんつゆ和え

冷蔵 2~3日　弁当 ◯

材料（2~3人分）

・じゃがいも … 2個
・いんげん … 40g
・生姜めんつゆ和えのもと

作り方

1 じゃがいもは一口大に切り、耐熱容器に入れて濡れたキッチンペーパーを包むように密着させ、ラップをして600Wの電子レンジで4~5分、竹串がすっと通るまで加熱し、水分を拭き取る。

2 鍋に湯を沸かして塩（分量外）を入れ、いんげんを茹で、2~3cm長さに切る。

3 ボウルに1、2、生姜めんつゆ和えのもとを入れ、和える。

CHECK │ その他のおすすめ食材

切干大根&にんじん … 切干大根は戻して適当な長さに切り、にんじんは千切りにして茹で、和える。
きゅうり … 薄切りにして塩揉みし、水気を絞って和える。

給食の定番の味を

中華和え

‖ 中華和えのもと ‖

材料

- ・醤油…大さじ2
- ・酢…大さじ2
- ・砂糖…大さじ1
- ・ごま油…小さじ1
- ・和風だし（顆粒）…小さじ1/2
- ・おろしにんにく（チューブ）…3cm

作り方

1　すべての材料を混ぜ合わせ、食材と和える。

✕ 新玉ねぎとトマトの中華和え

冷蔵
2~3
日

材料（2〜3人分）

- 新玉ねぎ … 1個
- トマト … 1個
- 中華和えのもと
- 焼き海苔 … 2枚

作り方

1 新玉ねぎはスライスして水に10分程さらし、キッチンペーパーで包んで絞り、水気をしっかり切る。トマトは2cm角に切る。

2 ボウルに1と中華和えのもとを入れて和え、海苔を細かくちぎって加え、和える。

✕ 春雨の中華サラダ

冷蔵
2~3
日

弁当
○

材料（2〜3人分）

- きゅうり … 1本
- にんじん … 5cm
- 緑豆春雨(乾燥) … 30g
- 中華和えのもと
  (分量調整パターン)
  | 醤油 … 大さじ1
  | 酢 … 大さじ1
- 砂糖 … 大さじ1/2
- ごま油 … 小さじ1/2
- 和風だし
  (顆粒) … 小さじ1/4
- おろしにんにく
  (チューブ) … 1.5cm
- 白いりごま … 適量

作り方

1 きゅうりとにんじんは千切りにし、塩ひとつまみ(分量外)をふって10分程おき、水気をよく絞る。

2 鍋に湯を沸かし、緑豆春雨を3分程茹でて水気を切る。冷めたら適当な長さに切る。

3 ボウルに1、2、中華和えのもと、白ごまを入れ、和える。

CHECK | その他のおすすめ食材

きゅうり&トマト … それぞれ適当な大きさに切り、和える。

もやし … 茹でて水気を絞り、和える。

あっさり風味が嬉しい

みぞれ和え

‖ みぞれ和えのもと ‖

材料

・大根…5cm
・ぽん酢…適量
・七味唐辛子…適宜

作り方

1 大根はすりおろして、水気を切る。

2 食材と**1**、ぽん酢を和える。好みで七味唐辛子をかける。

油揚げのみぞれ和え

材料（2〜3人分）

- 油揚げ… 1枚
- みぞれ和えのもと
- 青ねぎ（小口切り）… 適宜

作り方

1 油揚げは食べやすい大きさに切り、トースター（200℃）でカリッとするまで焼く。

2 ボウルに1と七味唐辛子以外のみぞれ和えのもとを入れて和える。好みで七味唐辛子と青ねぎをかける。

MEMO 作った直後に食べると、カリッとおいしい。

ほうれん草と しめじのみぞれ和え

材料（2〜3人分）

- ほうれん草… 1/2束
- しめじ… 1/2パック
- みぞれ和えのもと

作り方

1 ほうれん草はラップに包み、600Wの電子レンジで2分程加熱する。冷水に取って水気を絞り、3〜4cm長さに切る。しめじはほぐして耐熱容器に入れ、ラップをして600Wの電子レンジで1分30秒程加熱する。

2 ボウルに1と七味唐辛子以外のみぞれ和えのもとを入れ、和える。好みで七味唐辛子をかける。

CHECK | その他のおすすめ食材

小松菜&なめこ … それぞれ茹でて、小松菜は水気を絞って3〜4cm長さに切り、和える。

かぼちゃ… 薄切りにして焼き、和える。

ツンとした風味が食欲そそる

ごまわさびマヨ和え

‖ ごまわさびマヨ和えのもと ‖

材料

- マヨネーズ … 大さじ 2
- 白すりごま … 大さじ 2
- 醤油 … 小さじ 2
- 酢 … 小さじ 1
- 砂糖 … 小さじ 1
- おろしわさび (チューブ) … 5 cm

作り方

1 すべての材料を混ぜ合わせ、食材と和える。

三つ葉と豆腐のごまわさびマヨ和え

冷蔵
2
日

材料（2～3人分）

- 木綿豆腐 … 150g
- 三つ葉 … 1束
- ミニトマト … 4～5個
- ごまわさびマヨ和えのもと

作り方

1 木綿豆腐は食べやすい大きさにちぎり、キッチンペーパーで挟んで水気を切る。三つ葉は3～4cm長さに切り、ミニトマトは4等分にする。

2 ボウルに1とごまわさびマヨ和えのもとを入れ、和える。

ブロッコリーとエビのごまわさびマヨ和え

冷蔵
2～3
日

材料（2～3人分）

- ブロッコリー … 1/3個　　　・ 卵 … 1個
　（小房6～7個）　　　　・ エビ(小) … 10尾
- わさびマヨ和えのもと(分量調整パターン)

マヨネーズ … 大さじ1	砂糖 … 小さじ 1/2
白すりごま … 大さじ1	おろしわさび
醤油 … 小さじ1	（チューブ）… 2cm
酢 … 小さじ 1/2	

作り方

1 鍋に湯を沸かし、ブロッコリーを硬めに茹でて取り出し、水気を切る。

2 同じ鍋に卵を入れ、9～10分茹でる。殻を剥き、縦半分に切ってからそれぞれ十字に切り、8等分にする。

3 エビは背ワタを取り、鍋に湯を沸かして茹でる。

4 ボウルに1、2、3、ごまわさびマヨ和えのもとを入れ、和える。

CHECK ｜ その他のおすすめ食材

じゃがいも＆枝豆 … じゃがいもは一口大に切って電子レンジで加熱し、枝豆はさやから出して和える。
きゅうり＆鶏ささみ … きゅうりは千切りにし、塩揉みして水気を絞り、ささみは茹でて手で裂き、和える。

ほんのり甘くて優しい

白和え

‖ 白和えのもと ‖

材料

- 木綿豆腐 … 150g
- 白すりごま
    … 大さじ 1 と ½
- 砂糖 … 大さじ 1
- 醤油 … 大さじ 1

作り方

1 木綿豆腐はざっくり潰し、
   キッチンペーパーに包んで
   水切りする。

2 ボウルに 1 と残りのすべての
   材料を入れ、豆腐がある程度
   細かくなるまで潰しながら混
   ぜ合わせ、食材と和える。

ほうれん草の白和え

冷蔵
2~3
日

材料（2～3人分）

- ほうれん草 … 1/2 束
- にんじん … 3cm
- こんにゃく … 15g
- 白和えのもと

作り方

1　ほうれん草はラップに包み、600Wの電子レンジで2分程加熱する。冷水に取り、水気を絞って2～3cm長さに切る。にんじんとこんにゃくは太めの千切りにし、一緒に茹でてザルにあげ冷ましておく。

2　ボウルに1と白和えのもとを入れ、和える。

さつまいもと黒豆の白和え

冷蔵
2~3
日

材料（2～3人分）

- さつまいも … 120g
- 黒豆の甘煮 … 60g
- 白和えのもと

作り方

1　さつまいもは皮を剥いて1.5cm角に切り、水にさらす。鍋に湯を沸かして茹で、竹串がすっと通る柔らかさになったらザルにあげ、冷ます。

2　ボウルに1、黒豆、白和えのもとを入れ、和える。

MEMO　さつまいもは皮付きでもOK。

CHECK　｜　その他のおすすめ食材

柿 … 食べやすい大きさに切り、和える。

枝豆＆ひじき … 枝豆はさやから出し、ひじきは茹でて戻し、水気を切って和える。

ひと手間でワンランク上の味

コールスロー

‖ コールスローのもと ‖

材料

- ・マヨネーズ … 大さじ 3
- ・酢 … 小さじ 1
- ・玉ねぎ (すりおろし) … 小さじ 2/3
- ・砂糖 … 小さじ 1/2
- ・塩、こしょう … 各少々

作り方

1　すべての材料を混ぜ合わせ、
　　食材と和える。

キャベツのコールスロー

冷蔵
2~3
日

材料（2〜3人分）

- キャベツ … 3〜4枚(200g)
- にんじん … 4cm
- ホールコーン … 50g
- コールスローのもと

作り方

1 キャベツとにんじんは大きめのみじん切りにし、塩ひとつまみ程(分量外)をまぶして15分程おく。水分をしっかり絞る。
2 ボウルに1、コーン、コールスローのもとを入れ、和える。

じゃがいもとブロッコリーのコールスロー

冷蔵
2~3
日

材料（2〜3人分）

- じゃがいも … 2個
- ブロッコリー… 小房5〜6個(70g)
- コールスローのもと

作り方

1 じゃがいもは一口大に切り、耐熱容器に入れて濡れたキッチンペーパーを被せ、ラップをして600Wの電子レンジで4〜5分、竹串がすっと通るまで加熱し、水気を拭き取る。
2 鍋に湯を沸かし、ブロッコリーを硬めに茹で、水気を切ったら大きめのみじん切りにする。
3 ボウルに1、2、コールスローのもとを入れ、和える。

CHECK | その他のおすすめ食材

マカロニ … 茹でて好みの野菜と一緒に和える。
アボカド＆刺身用サーモン … 食べやすい大きさに切って和える。

自宅でデリの味

バジルマヨ和え

‖ バジルマヨ和えのもと ‖

材料

- マヨネーズ … 大さじ3
- バジル(乾燥) … 大さじ1
- おろしにんにく(チューブ) … 3cm
- レモン汁 … 小さじ⅓

作り方

1 すべての材料を混ぜ合わせ、食材と和える。

ブロッコリーと タコのバジルマヨ和え

冷蔵 2~3日 / 弁当 ○

材料（2～3人分）
・ブロッコリー
　…1/2個（150g）
・茹でダコ … 50g
・バジルマヨ和えのもと

作り方

1　ブロッコリーは食べやすい大きさの小房に分ける。鍋に湯を沸かし、塩（分量外）を入れて茹で、水気を切る。茹でダコは食べやすい大きさに切る。

2　ボウルに1とバジルマヨ和えのもとを入れ、和える。

じゃがいもと スモークサーモンのバジルマヨ和え

冷蔵 2~3日 / 弁当 ○

材料（2～3人分）
・じゃがいも … 2個
・スモークサーモン … 40g
・バジルマヨ 和えのもと

作り方

1　じゃがいもは一口大に切り、耐熱容器に入れて濡らしたキッチンペーパーを被せ、ラップをして600Wの電子レンジで4～5分加熱する。スモークサーモンは2cm幅に切る。

2　ボウルにバジルマヨ和えのもとを入れ、じゃがいもを2～3切れ潰して加え、混ぜる。

3　2に残りのじゃがいもとスモークサーモンを加え、和える。

CHECK | その他のおすすめ食材

ミニトマト＆モッツァレラチーズ … ミニトマトは半分に切り、モッツァレラチーズは食べやすい大きさに切り、和える。

鶏もも肉＆好みの野菜 … 鶏肉は塩、こしょうで味付けしカリッと焼いて食べやすい大きさに切り、トマトやアボカドなど好みの野菜と一緒に和える。

濃厚で旨味たっぷり

塩昆布クリチ和え

‖ 塩昆布クリチ和えのもと ‖

材料

- クリームチーズ … 30g
- ごま油 … 小さじ ½
- 塩 … 少々(適宜)
- 塩昆布 … 5g

作り方

1 クリームチーズを耐熱容器に入れ、600Wの電子レンジで10秒程加熱して柔らかくし、ごま油を加えて混ぜ合わせる。塩を入れる場合はここで加える。

2 食材と**1**を混ぜ合わせ、塩昆布を加えて和える。

アスパラの塩昆布クリチ和え

冷蔵	冷凍	弁当
3~4 日	3~4 週間	○

材料（2~3人分）

・アスパラガス … 3~4本
・塩昆布クリチ和えのもと

作り方

1 アスパラは根元2~3cmを切り落とし、根元側3~5cmの皮をピーラーで剥く。鍋に湯を沸かして塩（分量外）を加え、1分半程茹でる。茹で上がったら冷水に取り、冷めたら3~4cm長さに切る。

2 ボウルに塩昆布以外のクリチ和えのもとを混ぜ合わせ、1を加えて和え、塩昆布を加えてさらに和える。

じゃがいもの塩昆布クリチ和え

冷蔵	弁当
2~3 日	○

材料（2~3人分）

・じゃがいも … 2~3個
・冷凍枝豆（さや付き）… 60g
・塩昆布クリチ和えのもと（分量調整パターン）

| クリームチーズ … 60g | 塩 … 少々（適宜） |
| ごま油 … 小さじ1 | 塩昆布 … 10g |

作り方

1 じゃがいもは一口大に切り、耐熱容器に入れて濡れたキッチンペーパーを被せ、ふんわりラップをして600Wの電子レンジで4~5分加熱し、水気を拭き取る。冷凍枝豆は解凍し、さやから実を出す。

2 ボウルに塩昆布以外のクリチ和えのもとを混ぜ合わせ、1を加えて和え、塩昆布を加えてさらに和える。

CHECK | その他のおすすめ食材

オクラ … 茹でて1cm幅に切り、和える。
かぼちゃ … 小さめに切って茹でて水気を切り、和える。

焼いた肉や魚にかけたい洋風ソース

かけるソースを変えるだけで、
シンプルなソテーがお店みたいな仕上がりになります。

チーズソース

材料
- 牛乳 … 大さじ 3
- ピザ用チーズ … 30g
- おろしにんにく
  （チューブ）… 3cm
- 塩、こしょう … 各少々

作り方
1 耐熱容器に牛乳を入れ、600Wの電子レンジ
  で30秒〜1分加熱する。
2 チーズを加えてよく混ぜ、溶かす。
3 にんにく、塩、こしょうを加えて混ぜる。

おすすめ料理 》 チキンソテー、ポークソテー、ハンバーグ、白身魚のソテー、蒸し野菜や蒸し肉＆魚、
フライドポテト、パン、マカロニなど

タンドリーソース

材料
- ヨーグルト（無糖）
  … 大さじ 2
- ケチャップ … 大さじ 1
- カレー粉 … 大さじ 1/2
- おろしにんにく
  （チューブ）… 2cm
- 塩 … 小さじ 1/3

作り方
1 すべての材料を混ぜ合わせる。

おすすめ料理 》 チキンソテー、ポークソテー、白身魚のソテー、蒸し鶏、鮭や白身魚のムニエルやフ
リッター、フライドポテト、肉や魚のフライ、グリル野菜など

オーロラバターソース

材料
- ケチャップ … 大さじ 1と 1/2
- マヨネーズ … 大さじ 1と 1/2
- バター … 15g
- 砂糖 … 小さじ 1/2

作り方
1 耐熱容器にバターを入れ、500Wの電子レンジ
  で30秒〜、バターが溶けるまで加熱する。
2 別の容器に残りの調味料を混ぜ合わせ、1を加
  えてよく混ぜる。

おすすめ料理 》 チキンソテー、ポークソテー、白身魚のソテー、蒸し鶏、鮭や白身魚のムニエルやフ
リッター、フライドポテト、肉や魚のフライ、エビチリのソースとして、アボカドサラ
ダのドレッシングとしてなど

2 章 — 漬ける副菜

シンプルが一番

基本のお浸し

‖ 基本のお浸しのもと ‖

材料

・水…150㎖
・めんつゆ(3倍)…50㎖

作り方

1　すべての材料を混ぜ合わせ、
　　食材を漬ける。

ほうれん草のお浸し

冷蔵
2~3
日

弁当
○
（水分はよく取る）

材料（2~3人分）

・ ほうれん草 … 1束
・ 基本のお浸しのもと

〈食べる直前に〉
・ かつお節 … 適宜

作り方

1 ほうれん草はラップに包み、600Wの電子レンジで2分程加熱する。冷水に取り、水気を絞って3~4cm長さに切る。

2 保存容器に基本のお浸しのもとを入れ、1を漬ける。食べる時に好みでかつお節をかける。

ミニトマトとオクラのお浸し

冷蔵
3~4
日

材料（2~3人分）

・ ミニトマト … 8個
・ オクラ … 6本
・ 基本のお浸しのもと

〈食べる直前に〉
・ かつお節 … 適宜

作り方

1 ミニトマトはへたを取り、反対側を爪楊枝で刺して穴をあける。鍋に湯を沸かして10秒程茹でたら冷水に取り、皮を剥く。

2 オクラはガクを剥き、塩（分量外）をふって板ずりをする。鍋に湯を沸かして30秒程茹でたら冷水に取り、水気を切る。

3 保存容器に基本のお浸しのもとを入れ、1と2を漬ける。食べる時に好みでかつお節をかける。

CHECK | その他のおすすめ食材

水菜 … 茹でて水気を絞り、3~4cm長さに切って漬ける。
なす … 皮を剥いて濡れたキッチンペーパー、ラップの順に包み、電子レンジで加熱して冷水に取り、粗熱が取れたら手で裂いて漬ける。

一年中食べたいさっぱり味

白だし浸し

‖ 白だし浸しのもと ‖

材料

・水 … 200㎖
・白だし … 大さじ1と½
・みりん … 小さじ2

作り方

1 すべての材料を鍋に入れて
火にかけ、1分程沸騰させた
ら火を止める。

2 食材を漬け込む。

夏野菜の揚げ浸し

材料（2〜3人分）

- なす … 1本
- ズッキーニ … 1/2本
- パプリカ（赤・黄）… 各 1/4 個
- オクラ … 4本
- 白だし浸しのもと
- サラダ油 … 適量

冷蔵 3〜4 日

作り方

1 なすは半分の長さに切り、縦4等分にして水にさらす。ズッキーニは両端を落として1cm厚さの輪切りにし、パプリカは6〜7mm幅に切る。オクラはガクを剥き、塩（分量外）をふって板ずりしたら、縦に1cm程度の切り込みを入れる。すべての食材の水分をよく拭き取る。

2 鍋にサラダ油を入れて170〜180℃に温め、1を素揚げする。

3 保存容器に白だし浸しのもとを入れ、2の油を切って熱いうちに漬け込む。粗熱が取れたら冷蔵庫で4時間程馴染ませる。

MEMO なすは漬け込むと色落ちし、他の野菜に色がつきやすいので、気になる場合は分けて漬ける。

厚揚げと舞茸の白だし浸し

冷蔵 3〜4 日

材料（2〜3人分）

- 厚揚げ … 80g
- 舞茸 … 1パック（100g）
- 長ねぎ … 15cm
- 白だし浸しのもと
- サラダ油 … 適量

作り方

1 厚揚げは7〜8mm厚さの食べやすい大きさに切る。舞茸はほぐす。長ねぎは7〜8mm幅の斜め切りにする。

2 フライパンに油を熱し、1を軽く焼き色がつくまで焼く。

3 保存容器に白だし浸しのもとを入れ、2を熱いうちに漬け込む。粗熱が取れたら冷蔵庫で4時間程馴染ませる。

MEMO 舞茸は漬け込むと、他の食材に色がつきやすいので、気になる場合は分けて漬ける。

CHECK | その他のおすすめ食材

枝豆 … 茹でてさやから実を出し、漬ける。
キャベツ … 食べやすい大きさに切って茹で、水気を絞って漬ける。

ツンと辛くてクセになる

わさびめんつゆ漬け

‖ わさびめんつゆ漬けのもと ‖

材料

・めんつゆ(3倍)… 60㎖
・水 … 20㎖ 〜
・おろしわさび(チューブ)… 6㎝

作り方

1 すべての材料を混ぜ合わせ、
　食材を漬ける。

オクラとクリームチーズの
わさびめんつゆ漬け

冷蔵
2~3
日

材料（2~3人分）

・ オクラ … 4本
・ クリームチーズ … 60g
・ わさびめんつゆ漬けのもと

作り方

1 オクラはガクを剥き、塩（分量外）をふって板ずりをする。鍋に湯を沸かして30秒程茹で、冷水に取って水気を切る。クリームチーズは食べやすい大きさに切る。

2 保存容器に 1 を入れ、キッチンペーパーを被せてわさびめんつゆ漬けのもとを注ぐ。冷蔵庫で4時間程漬ける。

アボカドと豆腐のわさびめんつゆ漬け

冷蔵
2
日

材料（2~3人分）

・ アボカド … 1個
・ 木綿豆腐 … 150g
・ わさびめんつゆ漬けのもと（分量調整パターン）

| めんつゆ（3倍）… 120㎖ | おろしわさび（チューブ）… 10㎝ |
| 水 … 40㎖ ~ | |

作り方

1 アボカドは半分に切って種と皮を取り除き、8㎜厚さに切る。木綿豆腐は8㎜厚さの食べやすい大きさに切る。

2 保存容器に 1 を入れ、キッチンペーパーを被せてわさびめんつゆ漬けのもとを注ぐ。冷蔵庫で4時間程漬ける。

CHECK | その他のおすすめ食材

長芋 … 皮を剥いて半月切りにし、漬ける。
茹で卵 … 殻を剥いて漬ける。

まろやかな旨味

塩麹漬け

‖ 塩麹 ‖

材料	作り方
・塩麹…適量	**1** 食材を塩麹で漬ける。

塩麹の漬物

冷蔵 3~4 日 ／ 弁当 ◯（水分はよく取る）

材料（2~3人分）

- きゅうり … 1/2本
- にんじん … 3~4cm
- 大根 … 3~4cm
- 塩麹 … 大さじ2

作り方

1 きゅうりは3~4cm長さに切り、縦4等分にする。大根とにんじんは3~4mm厚さの短冊切りにする。

2 1を保存袋に入れ、塩麹を加えて軽く揉む。冷蔵庫で4時間以上漬け込む

卵の塩麹漬け

冷蔵 2 日 ／ 弁当 ◯

材料（2~3人分）

- 卵 … 3個
- 塩麹 … 大さじ3

作り方

1 鍋に湯を沸かし、卵を好みの固さに茹でる（おすすめは沸騰した湯で7~8分茹でて作る半熟卵）。

2 1の殻を剥き、保存袋に入れて塩麹を加える。卵全体が塩麹に漬かるようにして冷蔵庫で一晩漬け込む。卵についた塩麹は好みで拭き取る。

CHECK ｜ その他のおすすめ食材

かぶ … 葉を切り落とし、薄切りにしたかぶを漬ける。
木綿豆腐 … 水切りして全面に塩麹を塗り、キッチンペーパーとラップで包んで4~5日冷蔵庫で漬ける。途中で出た水分は捨てる。

サラダに添えてもいい

基本のマリネ

‖ 基本のマリネのもと ‖

材料

- ・オリーブオイル … 大さじ 3
- ・酢 … 大さじ 1
- ・砂糖 … 小さじ 1〜2
- ・塩 … 小さじ ¼
- ・こしょう … 少々

作り方

1 すべての材料を混ぜ合わせ、食材を漬ける。

焼きマリネ

冷蔵	冷凍	弁当
3~4日	**3~4**週間	○

材料（2~3人分）

- パプリカ … 1/6 個
- なす … 1/2 本
- かぼちゃ… 1/12 個
- オクラ … 2~3 本
- 基本のマリネのもと
- オリーブオイル … 適量

作り方

1　パプリカは 5~6mm 幅に切る。なすは 5mm 厚さの輪切りに、かぼちゃは 5mm 厚さの食べやすい大きさに切る。オクラはガクを剥き、塩（分量外）をふって板ずりし、縦半分に切る。

2　フライパンにオリーブオイルを熱し、1 を入れてそれぞれ両面を焼く。

3　保存容器に油を切った 1 を入れ、基本のマリネのもとを全体にかけて馴染ませる。冷蔵庫で 3 時間以上漬け込む。

ミックスビーンズのマリネ

冷蔵
2~3日

材料（2~3人分）

- ミックスビーンズ … 55g
- きゅうり … 1 本
- 玉ねぎ … 1/4 個
- ミニトマト … 6 個
- ツナ缶(油漬け)… 1 缶
- 基本のマリネのもと

作り方

1　きゅうりは 1cm 角に切る。玉ねぎはみじん切りにして水にさらし、水気を切る。ミニトマトはへたを取って 4 等分にする。ツナ缶は油を切る。

2　保存容器に基本のマリネのもと、1、ミックスビーンズを入れ、混ぜ合わせる。冷蔵庫で 3 時間以上漬け込む。

CHECK | その他のおすすめ食材

玉ねぎ＆刺身用サーモン … 玉ねぎはスライスし、サーモンは食べやすい大きさに切って漬ける。

きのこ … 好みのきのこを適当な大きさに切り、軽く焼いて漬ける。

デザートのような副菜

ハニーマリネ

‖ ハニーマリネのもと ‖

材料

・オリーブオイル … 大さじ 1
・はちみつ … 大さじ 1
・酢 … 大さじ 1

作り方

1 すべての材料を混ぜ合わせ、
食材を漬ける。

ミニトマトのハニーマリネ

材料（2~3人分）

- ミニトマト … 10個
- ハニーマリネのもと（分量調整パターン）
  　オリーブオイル … 大さじ 2
  　はちみつ … 大さじ 2
  　酢 … 大さじ 2

作り方

1　ミニトマトはへたを取り、反対側に爪楊枝で
　穴をあける。鍋に湯を沸かし、10秒程茹で
　て冷水に取る。皮を剥き、水気を切る。
2　保存容器に 1 とハニーマリネのもとを入れ、
　冷蔵庫で 3~4 時間漬け込む。

キャロットハニーマリネ

冷蔵
3~4
日

冷凍
3~4
週間

弁当
○

材料（2~3人分）

- にんじん … 中1本
- ハニーマリネのもと

作り方

1　にんじんは千切りにする。
2　保存容器に 1 とハニーマリネのもとを入れ、
　冷蔵庫で 3~4 時間漬け込む。

CHECK | その他のおすすめ食材

グレープフルーツ … 薄皮を剥き、漬ける。
キャベツ … 千切りにして塩揉みし、水気を絞って漬ける。

箸休め感覚でいける

カレーマリネ

‖ カレーマリネのもと ‖

材料

- オリーブオイル… 小さじ 2
- 酢… 小さじ 2
- 砂糖… 小さじ 1
- カレー粉… 小さじ 1/4
- おろしにんにく（チューブ）… 2 ㎝

作り方

1 すべての材料を混ぜ合わせ、
  食材を漬ける。

✕ カリフラワーの カレーマリネ

冷蔵	冷凍	弁当
3~4 日	**3~4** 週間	○

材料（2~3人分）
- カリフラワー… 1/3 個(150g)
- カレーマリネのもと

作り方

1 カリフラワーは小房に分ける。鍋に湯を沸かして塩(分量外)を加え、1~2分茹でる。

2 保存容器に1とカレーマリネのもとを入れて混ぜ合わせ、冷蔵庫で3時間以上漬け込む。

✕ かぼちゃと れんこんのカレーマリネ

冷蔵	冷凍	弁当
3~4 日	**3~4** 週間	○

材料（2~3人分）
- かぼちゃ… 50g(正味)
- れんこん … 50g
- パプリカ(赤)… 1/4 個
- カレーマリネのもと

作り方

1 かぼちゃとれんこんは5mm厚さの食べやすい大きさに切る。鍋に湯を沸かし、柔らかくなるまで茹でて水気を切る。

2 パプリカは3~4cm角に切る。

3 保存容器に1、2、カレーマリネのもとを入れて混ぜ合わせ、冷蔵庫で3時間以上漬け込む。

CHECK | その他のおすすめ食材

じゃがいも＆ズッキーニ … どちらも5mm厚さに切って両面を軽く焼き、漬ける。

玉ねぎ … スライスして塩をふり、水気を絞って漬ける。

旬の野菜で作りたい

ピクルス

‖ ピクルスのもと ‖

材料

- 酢…100㎖
- 水…100㎖
- 砂糖…大さじ2と½
- 塩…小さじ1
- 黒こしょう（ホール）…小さじ½
- ローリエ…1枚
- 赤唐辛子…½本

作り方

1 すべての材料を鍋に入れて火にかけ、砂糖が溶けたら火を止めて冷ます。
2 食材を漬け込む。

夏野菜のピクルス

材料（2〜3人分）

- きゅうり … 1/2 本
- パプリカ … 1/6 個
- ミニトマト … 4 個
- ゴーヤ … 1/5 本（30g）
- ピクルスのもと

作り方

1　きゅうりは 4〜5cm 長さに切り、縦 4 等分にする。パプリカは 1cm 幅の 4〜5cm 長さに切る。ミニトマトはへたを取り、爪楊枝で何か所か穴をあける。

2　ゴーヤは縦半分に切ってワタを取り除き、4〜5mm 幅に切る。鍋に湯を沸かして塩（分量外）を加え、30 秒程茹でて水気を切る。

3　保存容器に 1、2、ピクルスのもとを入れ、冷蔵庫で 4 時間以上漬け込む。

冬野菜のピクルス

材料（2〜3人分）

- れんこん … 30g
- にんじん … 30g
- 大根 … 30g
- カリフラワー … 小房 5〜6 個
- ピクルスのもと

作り方

1　れんこん、にんじん、大根は 3〜4cm の乱切りにする。

2　鍋に湯を沸かし、れんこんを 3〜4 分茹でて水気を切る。同様ににんじんを 1 分程、カリフラワーを 1〜2 分茹でて水気を切る。

3　保存容器に 1、2、ピクルスのもとを入れ、冷蔵庫で 4 時間以上漬け込む。

CHECK｜その他のおすすめ食材

とうもろこし … 茹でて芯ごと食べやすい大きさに切り、漬ける。

うずらの卵 … 茹でて殻を剥き、漬ける。

焼いた肉や魚にかけたい和風ソース

あっさり食べたい時は和風で。
もちろんドレッシングにも使えます。

和風ごまソース

材料
- みりん … 大さじ1
- 醤油 … 大さじ1
- 水 … 大さじ3~4
- 白すりごま … 大さじ2

作り方

1 みりんは耐熱容器に入れ、600Wの電子レンジで30~40秒加熱して煮切る。

2 1が冷めたら、残りの材料を加えて混ぜ合わせる。

おすすめ料理 ≫ しゃぶしゃぶ、白身魚のソテー、炒めた肉、蒸し野菜&肉魚、サラダなどに

梅だれ

材料
- 梅干し … 2個
- 水 … 大さじ2~3
- 醤油 … 大さじ1
- 砂糖 … ひとつまみ
- 和風だし(顆粒) … 少々
- ごま油 … 小さじ1/2

作り方

1 梅干しは種を取り、果肉を細かく刻む。

2 すべての材料を混ぜ合わせる。

おすすめ料理 ≫ しゃぶしゃぶ、魚のソテー、チキンソテー、ポークソテー、炒めた肉、魚介や野菜のグリル、揚げた肉魚、蒸し野菜&肉魚、サラダなどに

白だしマヨソース

材料
- マヨネーズ … 大さじ2
- 白だし … 大さじ1
- 水 … 大さじ1
- おろしわさび(チューブ) … 2~3cm

作り方

1 すべての材料を混ぜ合わせる。

おすすめ料理 ≫ しゃぶしゃぶ、魚のソテー、チキンソテー、ポークソテー、炒めた肉、魚介や野菜のグリル、揚げた肉魚、蒸し野菜&肉魚、サラダなどに

●この本をどこでお知りになりましたか?(複数回答可)

1. 書店で実物を見て　　　　　　2. 知人にすすめられて
3. SNSで (Twitter:　　　　Instagram:　　　その他　　　　　)
4. テレビで観た (番組名:　　　　　　　　　　　　　　　　　)
5. 新聞広告 (　　　　　新聞)　6. その他 (　　　　　　　　)

●購入された動機は何ですか?(複数回答可)

1. 著者にひかれた　　　　　　2. タイトルにひかれた
3. テーマに興味をもった　　　　4. 装丁・デザインにひかれた
5. その他 (　　　　　　　　　　　　　　　　　　　　　　　)

●この本で特に良かったページはありますか?

●最近気になる人や話題はありますか?

●この本についてのご意見・ご感想をお書きください。

以上となります。ご協力ありがとうございました。

郵便はがき

1 5 0 - 8 4 8 2

東京都渋谷区恵比寿4-4-9
えびす大黒ビル
ワニブックス書籍編集部

お手数ですが
切手を
お貼りください

―― **お買い求めいただいた本のタイトル** ――

本書をお買い上げいただきまして、誠にありがとうございます。
本アンケートにお答えいただけたら幸いです。
ご返信いただいた方の中から、
抽選で毎月5名様に図書カード（500円分）をプレゼントします。

ご住所　〒	
	TEL（　　-　　-　　）
（ふりがな） お名前	年齢 　　歳
ご職業	性別 男・女・無回答
いただいたご感想を、新聞広告などに匿名で 使用してもよろしいですか？　（はい・いいえ）	

※ご記入いただいた「個人情報」は、許可なく他の目的で使用することはありません。
※いただいたご感想は、一部内容を改変させていただく可能性があります。

3 章

炒める副菜

香ばしくて人気の味

バター醤油焼き

‖ バター醤油焼きのもと ‖

材料

- ・バター… 10g
- ・醤油…小さじ 2
- ・酒…小さじ 2
- ・塩、こしょう…各少々

作り方

1 バターで食材を炒め、残りの材料で味を調える。

じゃがコーンの
バター醤油焼き

材料（2~3人分）

- じゃがいも … 2個
- ホールコーン … 50g
- バター醤油焼きのもと
- パセリ（乾燥）… 適宜

作り方

1 じゃがいもは一口大に切り、耐熱容器に入れて濡らしたキッチンペーパーを被せ、ラップをして600Wの電子レンジで4~5分加熱する。

2 フライパンにバターを熱し、1を軽く焼き色がつくまで返しながら焼く。ホールコーンと残りのバター醤油焼きのもとを加え、炒める。好みでパセリをふる。

きのこと長ねぎの
バター醤油焼き

冷蔵
3~4
日

冷凍
3~4
週間

弁当
○

材料（2~3人分）

- しめじ … 1/2パック
- エリンギ … 1本
- 長ねぎ … 1本
- バター醤油焼きのもと
  （こしょうは粗挽き黒こしょうがおすすめ）

作り方

1 しめじはほぐし、エリンギは食べやすい大きさの薄切りにする。長ねぎは5mm幅の斜め切りにする。

2 フライパンにバターを熱し、1を炒める。

3 残りのバター醤油焼きのもとを加え、炒める。

CHECK | その他のおすすめ食材

さつまいも … 5mm厚さの輪切りにしてバターで焼き、火が通ったら残りの調味料を加えて炒める。

はんぺん … 食べやすい大きさに切ってバターで焼き、残りの調味料を加えて炒める。

こってり味でごはんに合う

照り焼き

‖ 照り焼きのもと ‖

材料

・醤油…大さじ 1 と 1/2
・みりん…大さじ 1 と 1/2
・酒…大さじ 1 と 1/2
・砂糖…大さじ 1/3

作り方

1 すべての材料を混ぜ合わせる。
2 焼いた食材に加え、絡めながら炒める。

なすの照り焼き

冷蔵	冷凍	弁当
3~4 日	3~4 週間	○

材料（2～3人分）

・なす…2本
・片栗粉…小さじ1と1/2
・照り焼きのもと
・サラダ油…適量

作り方

1 なすは6～7mm厚さの輪切りにし、片栗粉をまぶす。

2 フライパンに多めの油を熱し、なすを揚げ焼きにし、火が通ったら余分な油を拭き取る。

3 2に照り焼きのもとを加え、全体に絡めながら焼く。

さつまいもと れんこんの照り焼き

冷蔵	冷凍	弁当
3~4 日	3~4 週間	○

材料（2～3人分）

・さつまいも
　…1/2本（約150g）
・れんこん…100g
・片栗粉
　…大さじ1と1/2
・照り焼きのもと
・黒いりごま
　…小さじ1と1/2
・サラダ油…適量

作り方

1 さつまいもは皮付きのまま5mm厚さの輪切りに、れんこんは5mm厚さの半月切りにし、それぞれ片栗粉をまぶす。

2 フライパンに多めの油を熱し、1を揚げ焼きにし、火が通ったら余分な油を拭き取る。

3 2に照り焼きのもとを加え、全体に絡めながら焼き、黒ごまを加える。

CHECK ｜ その他のおすすめ食材

ごぼう …5mm幅の斜め切りにして片栗粉をまぶし、焼いてたれを加え、絡めながら炒める。

かぼちゃ…5mm厚さに切って片栗粉をまぶし、焼いてたれを加え、絡めながら炒める。

箸が止まらない

アンチョビソテー

‖ アンチョビソテーのもと ‖

材料

- アンチョビ … 2〜3枚
- にんにく … 1片
- 赤唐辛子(輪切り) … 少々
- 酒 … 小さじ1と½
- 塩、こしょう … 各少々

作り方

1. アンチョビは細かく刻む。にんにくは薄切りにする。
2. 食材とアンチョビ、にんにく、赤唐辛子、酒を炒め、塩、こしょうで味を調える。

キャベツの
アンチョビソテー

冷蔵 **3~4** 日　冷凍 **3~4** 週間　弁当 ○

材料（2~3人分）

- キャベツ … 2~3枚（約200g）
- アンチョビソテーのもと
- オリーブオイル … 適量

作り方

1　キャベツは4~5cm四方に切る。
2　フライパンにオリーブオイルを熱し、にんにくと赤唐辛子を入れる。香りがたったら1、アンチョビ、酒を加えて炒める。
3　塩、こしょうで味を調える。

じゃがいもと
ブロッコリーのアンチョビソテー

冷蔵 **3~4** 日　弁当 ○

材料（2~3人分）

- じゃがいも … 1~2個
- ブロッコリー（加熱済み）… 小房10個程
- アンチョビソテーのもと
- オリーブオイル … 適量

作り方

1　じゃがいもは5mm厚さの半月切りにする。
2　フライパンにオリーブオイルを熱し、じゃがいもを両面焼く。火が通ったらにんにく、赤唐辛子、ブロッコリー、アンチョビ、酒を加えて炒める。
3　塩、こしょうで味を調える。

CHECK｜その他のおすすめ食材

きのこ … 好みのきのこを食べやすい大きさに切って炒め、調味する。
ズッキーニ … 5mm厚さの輪切りにして炒め、調味する。

子どももよろこぶ味

コンソメソテー

‖ コンソメソテーのもと ‖

材料

・おろしにんにく
　　（チューブ）… 3 cm
・コンソメ（顆粒）… 小さじ ½
・醤油… 小さじ ½

作り方

1　にんにくと食材を炒め、コンソメと醤油で味を調える。

じゃがいもとアスパラのコンソメソテー

冷蔵 **3~4** 日　弁当 **○**

材料（2~3人分）

- じゃがいも…2個
- アスパラガス…3~4本
- ベーコン（ブロック）
  …50g（スライスでも）
- コンソメソテーのもと
- オリーブオイル
  …適量

作り方

1. じゃがいもは一口大に切り、耐熱容器に入れて濡れたキッチンペーパーを被せ、ラップをして600Wの電子レンジで4~5分加熱する。アスパラは根元2~3cmを切り落とし、根元側3~5cmの皮をピーラーで剥き、斜め切りにする。ベーコンは1cm厚さの食べやすい大きさに切る。
2. フライパンにオリーブオイルを熱し、にんにくとアスパラを入れ、返しながら3~4分焼く。じゃがいもとベーコンを加え、焼き色をつける。
3. コンソメと醤油を加え、味を調える。

ほうれん草と卵のコンソメソテー

冷蔵 **3~4** 日　冷凍 **3~4** 週間　弁当 **○**

材料（2~3人分）

- ほうれん草…1束
- 卵…2個
- 塩、こしょう…各少々
- コンソメソテーのもと
- オリーブオイル
  …適量

作り方

1. ほうれん草は3~4cm長さに切る。卵は塩、こしょうを加えて溶く。
2. フライパンにオリーブオイルを熱し、にんにくとほうれん草を炒める。しんなりし、水分が出たらキッチンペーパーで拭き取る。
3. ほうれん草をフライパンの端に寄せ、空いたスペースにオリーブオイルを足し、溶き卵を流し入れる。しばらく触らずに裏面が固まるまで焼く。適当な大きさに崩しながらひっくり返して火を通したら、ほうれん草と一緒に炒め合わせる。
4. コンソメと醤油を加え、味を調える。

CHECK | その他のおすすめ食材

れんこん＆ベーコン … 薄切りしたれんこんと細切りしたベーコンを炒め、調味する。
スナップエンドウ＆ウインナー … 筋取りしたスナップエンドウと適当な大きさに切ったウインナーを炒め、調味する。

満足度高めのおかずに

ペペロン炒め

‖ ペペロン炒めのもと ‖

材料

- にんにく … 1片
  （にんにくチューブ7〜8cmでも）
- 赤唐辛子（輪切り）… 1本分
- 塩 … 適量
- 粗挽き黒こしょう … 適宜
- オリーブオイル … 適量

作り方

1 にんにくはみじん切りにする。

2 フライパンにオリーブオイルを熱し、にんにくと唐辛子を入れ、香りがたったら食材を加えて炒める。

3 塩と好みで黒こしょうを加え、炒める。

枝豆のペペロンチーノ

冷蔵	冷凍	弁当
4~5日	3~4週間	○

材料（2〜3人分）

- 冷凍枝豆（さや付き・解凍済み）… 150g
- ペペロン炒めのもと

作り方

1 フライパンにオリーブオイルを熱し、にんにくと唐辛子を入れ、香りがたったら枝豆を加えて炒める。

2 塩を少し多めに加え、好みで黒こしょうを加えて炒める。

豆苗のペペロンチーノ

冷蔵	冷凍	弁当
3~4日	3~4週間	○

材料（2〜3人分）

- 豆苗… 1袋　・ベーコン（スライス）… 2枚
- ペペロン炒めのもと（分量調整パターン）

にんにく … ½片	塩… 適量
（にんにくチューブ 3~4cmでも）	粗挽き黒こしょう … 適宜
赤唐辛子（輪切り） … 1本分	オリーブオイル … 適量

作り方

1 豆苗は3~4cm長さに切り、ベーコンは1cm幅に切る。

2 フライパンにオリーブオイルを熱し、にんにくと唐辛子を入れ、香りがたったらベーコンを加えて軽く焼き色がつくまで炒める。豆苗を加えて炒め、しんなりしてきたら水分をキッチンペーパーで拭き取る。

3 塩と好みで黒こしょうを加え、炒める。

CHECK | その他のおすすめ食材

ブロッコリー＆ミニトマト … 小房に分け茹でたブロッコリーとミニトマトを炒め、調味する。

ズッキーニ＆小エビ … 5mm厚さの輪切りにしたズッキーニと小エビを炒め、調味する。

手軽な味付けでこんなにおいしく

マヨソテー

‖ マヨソテーのもと ‖

材料

・マヨネーズ…大さじ 1 と 1/2
・塩、こしょう…各適量

作り方

1 フライパンにマヨネーズを熱し、
  食材を焼く。
2 塩、こしょうで味を調える。

かぶとベーコンのマヨソテー

冷蔵	冷凍	弁当
3~4 日	**3~4** 週間	○

材料（2~3人分）

・かぶ（葉付き）…2個
・ベーコン（スライス）…1枚
・マヨソテーのもと

作り方

1　かぶは茎を1cm残して葉と切り分け、皮を剥き8等分のくし形に切る。葉は4~5cm長さに切る。ベーコンは8mm幅に切る。

2　フライパンにマヨネーズを熱し、かぶを並べて中弱火で両面じっくり焼く。火が通ったら葉とベーコンを加え、中火で炒める。

3　葉がしんなりしたら塩、こしょうで味を調える。

にんじんといんげんのマヨソテー

冷蔵	冷凍	弁当
3~4 日	**3~4** 週間	○

材料（2~3人分）

・にんじん…小1本（約100g）
・いんげん…6~7本
・マヨソテーのもと

作り方

1　にんじんは太めの千切りにする。いんげんは4~5cm長さの斜め切りにする。

2　フライパンにマヨネーズを熱し、1を中弱火で3~4分炒める。

3　塩、こしょうで味を調える。

CHECK ｜ その他のおすすめ食材

ほうれん草＆卵 …4cm長さに切ったほうれん草をマヨネーズで炒め、溶き卵を加えて炒め、調味する。
ブロッコリー＆ウインナー …小房に分け茹でたブロッコリーと、適当な大きさに切ったウインナーをマヨネーズで炒め、調味する。

お酒も進む味

ラー油炒め

‖ ラー油炒めのもと ‖

材料

- おろしにんにく
  （チューブ）… 5cm
- 鶏ガラスープのもと
  … 小さじ 1/4〜1/3
- ラー油… 適量
- 塩… 少々
- 粗挽き黒こしょう… 少々

作り方

1　食材とにんにくを炒め、残り
　の調味料を加えて炒める。

ブロッコリーのラー油炒め

冷蔵	冷凍	弁当
3~4日	**3~4**週間	○

材料（2～3人分）

・ ブロッコリー… 1/2 個
・ ラー油炒めのもと
・ ごま油… 適量

作り方

1 ブロッコリーは小さめの小房に分け、鍋に湯を沸かして硬めに茹でる。
2 フライパンにごま油を熱し、1とにんにくを入れて炒める。
3 残りのラー油炒めのもとを加え、炒める。

大根と長ねぎのラー油炒め

冷蔵	冷凍	弁当
3~4日	**3~4**週間	○

材料（2～3人分）

・ 大根… 100g
・ 長ねぎ… 1/2 本
・ ラー油炒めのもと
・ ごま油… 適量

作り方

1 大根は千切りにし、長ねぎは白髪ねぎにする。
2 フライパンにごま油を熱し、1とにんにくを入れて炒める。
3 残りのラー油炒めのもとを加え、炒める。

CHECK | その他のおすすめ食材

もやし … 炒めて調味する。
厚揚げ … 7~8mm厚さの食べやすい大きさに切り、炒めて調味する。

コクと酸味の名コンビ

バタぽん炒め

‖ バタぽん炒めのもと ‖

材料

- バター…10g
- ぽん酢…小さじ2
- 塩、こしょう…各少々

作り方

1 食材をバターで炒め、ぽん酢、塩、こしょうで味を調える。

きのこのバタぽん炒め

材料（2〜3人分）

・えのき … 1/2袋
・しめじ … 1/2パック
・エリンギ … 1本
・バタぽん炒めのもと
・小ねぎ … 適量

作り方

1 えのきは3〜4cm長さに切り、しめじはほぐし、エリンギは食べやすい大きさの薄切りにする。小ねぎは小口切りにする。

2 フライパンにバターを熱し、えのき、しめじ、エリンギをしんなりするまで炒める。

3 ぽん酢、塩、こしょうで味を調え、小ねぎをちらす。

長芋とオクラの バタぽん炒め

材料（2〜3人分）

・長芋 … 150g
・オクラ … 3本
・バタぽん炒めのもと

作り方

1 長芋は5mm厚さの輪切りにする。オクラはガクを剥き、塩（分量外）をふって板ずりし、3〜4等分の斜め切りにする。

2 フライパンにバターを熱し、1を炒める。

3 ぽん酢、塩、こしょうで味を調える。

CHECK | その他のおすすめ食材

なす … 薄切りにして炒め、調味する。
れんこん … 薄切りにして炒め、調味する。

ガツンと強めの味付けで

ガリバタ醤油炒め

‖ ガリバタ醤油炒めのもと ‖

材料

- ・バター… 10g
- ・おろしにんにく
  （チューブ）… 6cm
- ・醤油… 小さじ2
- ・塩、こしょう… 各少々

作り方

1 フライパンにバターを熱し、
  にんにくと食材を炒める。

2 醤油、塩、こしょうを加え、
  味を調える。

厚揚げときのこの ガリバタ醤油炒め

冷蔵	冷凍	弁当
3~4 日	3~4 週間	◯

材料(2〜3人分)

- 厚揚げ … 100g
- しいたけ … 2個
- しめじ … ½パック
- 小ねぎ … 1本
- ガリバタ醤油炒めのもと(分量調整パターン)

| バター … 10g | 醤油 … 小さじ1と½ |
| おろしにんにく (チューブ) … 4cm | 塩、こしょう … 各少々 |

作り方

1 厚揚げは3cm角に切る。しめじはほぐし、しいたけは4等分に切る。小ねぎは小口切りにする。

2 フライパンにバターを熱し、厚揚げを転がしながら焼く。全面に焼き色がついたらしめじ、しいたけ、にんにくを加え、しめじとしいたけがしんなりするまで炒める。

3 醤油、塩、こしょうを加えて味を調え、小ねぎを加えてざっくりと混ぜる。

ガリバタ醤油ジャーマンポテト

冷蔵	弁当
3~4 日	◯

材料(2〜3人分)

- じゃがいも … 2個
- ウインナー … 4本
- 玉ねぎ … ¼個
- ガリバタ醤油炒めのもと

作り方

1 じゃがいもは6〜7mm厚さの半月切りにし、水にさらす。耐熱容器に入れて濡らしたキッチンペーパーを被せてラップをし、600Wの電子レンジで4〜5分加熱する。玉ねぎは薄切りに、ウインナーは2〜3等分の斜め切りにする。

2 フライパンにバターを熱し、玉ねぎ、ウインナー、にんにくを炒める。玉ねぎがしんなりしてきたらじゃがいもを加え、さらに炒める。

3 醤油、塩、こしょうを加え、味を調える。

CHECK | その他のおすすめ食材

さつまいも … 太めの千切りにして炒め、調味する。　かぼちゃ … 5mm厚さに切って焼き、調味する。

定番おかずを野菜でアレンジ

甘辛生姜焼き

‖ 甘辛生姜焼きのもと ‖

材料

・醤油…大さじ ½
・みりん…大さじ ½
・酒…大さじ ½
・砂糖…小さじ 1
・おろし生姜
　（チューブ）…5cm

作り方

1 すべての材料を混ぜ合わせ、炒めた食材に加えさらに炒める。

ズッキーニの甘辛生姜焼き

冷蔵	冷凍	弁当
3~4日	3~4週間	○

材料（2～3人分）

・ ズッキーニ … 1本
・ 甘辛生姜焼きのもと
・ サラダ油 … 適量

作り方

1 ズッキーニは 7～8mm 厚さの輪切りにする。
2 フライパンにサラダ油を熱し、ズッキーニを両面焼く。
3 甘辛生姜焼きのもとを加え、絡めながら焼く。

かぶの甘辛生姜焼き

冷蔵	冷凍	弁当
3~4日	3~4週間	○

材料（2～3人分）

・ かぶ（葉付き）… 2個
・ 甘辛生姜焼きのもと
・ サラダ油 … 適量

作り方

1 かぶは茎を 1cm 残して葉と切り分ける。葉は 1cm 長さに刻み、かぶは皮を剥いて半分に切り、薄切りにする。
2 フライパンにサラダ油を熱し、かぶを炒める。
3 しんなりしてきたら、甘辛生姜焼きのもとと葉を加え、さらに炒める。

CHECK ｜ その他のおすすめ食材

大根 … 薄切りにして焼き、調味する。
玉ねぎ … 輪切りして焼き、調味する。

サラダにかけたいドレッシング

飽きの来ないバリエーションで
サラダをおいしくいただきます。

味噌ドレッシング

材料

- 味噌…大さじ1
- 酢…小さじ2
- ごま油…大さじ2
- 七味唐辛子…適量

作り方

1 すべての材料を混ぜ合わせる。

おすすめ料理 ≫ ホットサラダ(かぼちゃ、にんじん、かぶなど)、水菜と豆腐のサラダ、海鮮サラダ、豆のサラダ、レタスと豚のおかずサラダなど

塩麹ドレッシング

材料

- 塩麹…大さじ1
- マヨネーズ…大さじ1
- 酢…小さじ2
- 柚子こしょう…小さじ1/4

作り方

1 すべての材料を混ぜ合わせる。

おすすめ料理 ≫ 新玉ねぎのサラダ、ケールとナッツのサラダ、ブロッコリーとトマトのサラダ、にんじんサラダ、夏野菜チョップドサラダなど

韓国風ドレッシング

材料

- コチュジャン
  …大さじ1
- ごま油…大さじ1
- 醤油…大さじ1
- おろしにんにく
  (チューブ)…2cm
- 酢…小さじ2
- 白いりごま…小さじ2

作り方

1 すべての材料を混ぜ合わせる。

おすすめ料理 ≫ レタスときゅうりのサラダ、大根とわかめのサラダ、レタスと豆腐と海苔のサラダ、豆もやしのサラダ、水菜と厚揚げのサラダなど

4章 — 煮る副菜

上品な味わいでほっとする

白だし煮

‖ 白だし煮のもと ‖

材料

・水 … 200 mℓ
・白だし … 大さじ 2
・砂糖 … 小さじ 2

作り方

1 鍋にすべての材料と食材を入れ、
　煮る。

里芋の白だし煮

冷蔵	冷凍	弁当
3~4 日	3~4 週間	○

材料（2~3人分）

- 里芋 … 中4個
- にんじん … 1/3本
- いんげん … 3本
- 白だし煮のもと

作り方

1 里芋は皮を剥いて一口大に切る。にんじんは乱切りにする。いんげんは3~4cm長さに切る。

2 鍋に白だし煮のもと、里芋、にんじんを入れ、強火にかける。沸騰してきたら中火にして落とし蓋をし、里芋に竹串がすっと入るまで10~15分煮る。煮終える2~3分前にいんげんを加える。

かぶの白だし煮

冷蔵	冷凍	弁当
3~4 日	3~4 週間	○

材料（2~3人分）

- かぶ（葉付き）… 2個
- 油揚げ … 1/2枚
- 白だし煮のもと

作り方

1 かぶは茎を1~2cm残して葉と切り分ける。かぶは皮を剥いて8等分のくし形に切り、葉は4~5cm長さに切る。油揚げは食べやすい大きさに切る。

2 鍋に白だし煮のもと、かぶ、油揚げを入れ強火にかける。沸騰してきたら中火にして落とし蓋をし、かぶに竹串がすっと入るまで10分程煮る。煮終える2~3分前にかぶの葉を加える。

CHECK | その他のおすすめ食材

大根＆油揚げ … 食べやすい大きさに切った大根と油揚げを煮る。

かぼちゃ … 一口大に切って煮る。

しっかり味を染み込ませておいしく

めんつゆ煮

‖ めんつゆ煮のもと ‖

材料

・水 … 200㎖
・めんつゆ(3倍) … 大さじ 3
・みりん … 大さじ 2

作り方

<u>1</u> 鍋にすべての材料と食材を
入れ、煮る。

大根とさつま揚げの煮物

材料（2~3人分）

・大根 … 4~5cm（約80g）
・にんじん … 1/4本
・さつま揚げ … 50g
・小松菜 … 1株
・めんつゆ煮のもと

作り方

1 大根、にんじんは1cm厚さの食べやすい大きさに切る。さつま揚げは食べやすい大きさに切る。小松菜は3~4cm長さに切る。

2 鍋にめんつゆ煮のもとと大根、にんじん、さつま揚げを入れ強火にかける。沸騰したら中火にして落とし蓋をし、大根とにんじんにすっと竹串が入るまで10~15分煮る。煮終える2~3分前に小松菜を加える。

3 落とし蓋を外し、鍋底に少量の煮汁が残る程度まで煮詰める。

卵巾着煮

材料（2~3人分）

・油揚げ … 2枚
・卵（MS~Mサイズ）… 4個
・めんつゆ煮のもと

作り方

1 油揚げは熱湯をかけて油抜きをし、半分に切る。

2 油揚げを開いて卵を割り入れ、爪楊枝で口を留める。同様にあと3個作る。

3 鍋にめんつゆ煮のもとを入れて沸騰させ、**2**を加え弱火で10~15分煮る。火を止めて粗熱が取れるまで放置し、味を染み込ませる。

CHECK | その他のおすすめ食材

じゃがいも … 一口大に切り、煮る。
里芋 … 一口大に切り、煮る。

ごはんによく合うおかず

そぼろ煮

‖ そぼろ煮のもと ‖

材料

- 水 … 200㎖
- 醤油 … 大さじ 1
- 酒 … 大さじ 1
- 砂糖 … 大さじ 1
- 豚挽き肉 … 100g

作り方

1 鍋に挽き肉以外の材料を入れてひと煮立ちさせ、食材と挽き肉を加えて煮込む。

かぼちゃのそぼろ煮

冷蔵 3~4 日
冷凍 3~4 週間
弁当 ○

材料（2〜3人分）

- かぼちゃ… 1/8 個
- そぼろ煮のもと
- 水溶き片栗粉…水小さじ 2 と片栗粉小さじ 1

作り方

1 かぼちゃは種とワタを取り、皮付きのまま一口大に切る。

2 鍋に挽き肉以外のそぼろ煮のもとを入れ、ひと煮立ちさせる。

3 1と挽き肉を加え、沸騰してきたら落とし蓋をして弱火で 10〜15 分煮る。

4 水溶き片栗粉を加えてとろみをつける。

じゃがいものそぼろ煮

冷蔵 2~3 日
弁当 ○

材料（2〜3人分）

- じゃがいも … 2 個
- にんじん … 5 cm
- いんげん … 3 本
- そぼろ煮のもと
- 水溶き片栗粉 … 水小さじ 2 と片栗粉小さじ 1

作り方

1 じゃがいもは一口大に切る。にんじんは乱切りにする。いんげんは 3〜4 cm 長さに切る。

2 鍋に挽き肉以外のそぼろ煮のもと、じゃがいも、にんじんを入れ、ひと煮立ちさせる。

3 挽き肉を加え、沸騰してきたら落とし蓋をして弱火で 10〜12 分煮る。

4 いんげんを加えて 3 分程煮て、水溶き片栗粉を加えてとろみをつける。

CHECK | その他のおすすめ食材

大根 … 乱切りにし、煮る。

厚揚げ … 食べやすい大きさに切り、煮る。

熱々であったまる

あんかけ煮

‖ あんかけ煮のもと ‖

材料

- 水…200㎖
- 白だし…大さじ1
- みりん…大さじ1
- おろし生姜
  　　（チューブ）…2㎝

作り方

1　鍋にすべての材料と食材を
　　入れ、煮る。

かぶのあんかけ煮

冷蔵	冷凍	弁当
3~4 日	3~4 週間	○ (汁気はよく切る)

材料（2~3人分）

- かぶ（葉付）… 2個
- カニカマ … 3本
- あんかけ煮のもと
- 水溶き片栗粉 … 水大さじ1と片栗粉大さじ1

作り方

1 かぶは根と葉に分け、葉は1cm長さに切る。根は皮を剥き、4等分のくし形に切る。カニカマはほぐす。

2 鍋にあんかけ煮のもと、かぶの根、カニカマを入れ火にかける。沸騰してきたら弱火にして落とし蓋をし、10~15分煮る。

3 かぶの葉を加え1分程煮て、水溶き片栗粉を加えてとろみをつける。

豆腐のあんかけ煮

冷蔵
2 日

材料（2~3人分）

- 絹ごし豆腐 … 150g
- 卵 … 1個
- あんかけ煮のもと
- 水溶き片栗粉 … 水小さじ2と片栗粉小さじ2
- 小ねぎ（小口切り）… 適量

作り方

1 鍋にあんかけ煮のもとと水溶き片栗粉を入れ、よく混ぜて火にかける。沸騰してきたら弱火にして豆腐を加え、菜箸で食べやすい大きさに崩し、4~5分煮る。

2 卵を溶き入れ、ひと煮立ちさせる。

3 火を止め、小ねぎをちらす。

MEMO 豆腐の水分で味が薄くなった場合は、白だしで調整する。

CHECK | その他のおすすめ食材

白菜&小エビ … 食べやすい大きさに切った白菜と殻を剥いた小エビを煮る。
冬瓜 … 食べやすい大きさに切り、煮る。

ほろほろになるまで煮るのがポイント

バター醤油煮

‖ バター醤油煮のもと ‖

材料

- 水…300mℓ
- 醤油…大さじ1
- みりん…大さじ1
- 砂糖…大さじ1
- 和風だし（顆粒）
  …小さじ½
- バター…10g

作り方

1 バター以外のすべての材料と食材を鍋に入れ、落とし蓋をして煮る。

2 食材に火が通ったら落とし蓋を外し、強火にして水分を飛ばす。

3 バターを加えて溶かし、全体に馴染ませる。

じゃがいもと玉ねぎのバター醤油煮

冷蔵 **2~3** 日
弁当 ○

材料（2~3人分）

・じゃがいも … 2個
・玉ねぎ … 1/2個
・バター醤油煮のもと

作り方

1 じゃがいもは一口大に切る。 玉ねぎは 7～8mm 幅に切る。

2 鍋に 1 とバター以外のバター醤油煮のもとを入れ、火にかける。沸騰してきたら落とし蓋をし、中弱火で 15 分程煮る。

3 じゃがいもに火が通ったら落とし蓋を外し、強火にして時々混ぜながら水分を飛ばす。

4 火を止めてバターを加え、全体に馴染ませる。

MEMO 少し煮崩れるくらいが、よりおいしい。

さつまいもと大豆の バター醤油煮

冷蔵 **3~4** 日
冷凍 **3~4** 週間
弁当 ○

材料（2~3人分）

・さつまいも … 1本
（約150～200g）
・大豆(水煮)… 60g
・バター醤油煮のもと

作り方

1 さつまいもは皮付きのまま一口大の乱切りにし、水にさらす。

2 鍋にさつまいも、大豆、バター以外のバター醤油煮のもとを入れ、火にかける。沸騰してきたら落とし蓋をし、中弱火で 15 分程煮る。

3 さつまいもに火が通ったら落とし蓋を外し、強火にして時々混ぜながら水分を飛ばす。

4 火を止めてバターを加え、全体に馴染ませる。

MEMO 少し煮崩れるくらいが、よりおいしい。

CHECK | その他のおすすめ食材

かぼちゃ … 食べやすい大きさに切り、煮る。
里芋 … 食べやすい大きさに切り、煮る。

野菜やフライのためのディップソース

濃厚ソースとスパイシーなソース、
和風ソースで、料理の印象ががらりと変わります。

卵黄ソース

材料
- 中濃ソース … 大さじ 2
- 卵黄 … 1 個分
- ケチャップ … 小さじ 2
- ねりからし
  （チューブ）… 1～2 cm

作り方
1 すべての材料を混ぜ合わせる。

おすすめ料理 》 とんかつ、コロッケ、エビフライ、カキフライ、とん平焼き、お好み焼きなど

カレーマヨソース

材料
- マヨネーズ … 大さじ 2
- カレー粉 … 小さじ 1
- 玉ねぎ（すりおろし）
  … 小さじ 1
- 砂糖 … 小さじ 1/2
- レモン汁 … 少々

作り方
1 すべての材料を混ぜ合わせる。

おすすめ料理 》 蒸したじゃがいもやブロッコリー、ポテトサラダ、キャベツの蒸し焼き、鶏ささみの
フライなど

和風マスタードソース

材料
- 醤油 … 大さじ 1
- みりん … 大さじ 1
- 粒マスタード … 大さじ 1
- おろしにんにく
  （チューブ）… 2 cm

作り方
1 みりんは耐熱容器に入れ、600Wの電子レンジ
  で 30～40 秒加熱して煮切る。
2 1が冷めたら、残りの材料と混ぜ合わせる。

おすすめ料理 》 アジフライ、蒸し野菜、レンチンした新玉ねぎ、コロッケ、とんかつ、エビフライ、
オクラのソテーなど

5 章 ── 黄金の味付けで主菜

簡単に定番おかずの完成

ジンジャーソテー

‖ ジンジャーソテーのもと ‖

材料

- 醤油 … 大さじ 1 と 1/2
- 砂糖 … 小さじ 2
- おろし生姜(チューブ) … 15㎝

作り方

1 すべての材料を混ぜ合わせる。
2 焼いた食材に加え、絡めながら
炒める。

豚とキャベツのジンジャーソテー

冷蔵	冷凍	弁当
3~4日	**3~4**週間	◯

材料（2~3人分）

- 豚バラ肉
  （厚切り）… 200g
- 片栗粉… 大さじ 1
- キャベツ… 2~3 枚
- ジンジャーソテーのもと
- サラダ油… 適量

作り方

1 豚肉は一口大に切って片栗粉をまぶす。キャベツは 3~4 cm四方に切る。

2 フライパンにサラダ油を熱し、豚肉を両面焼く。火が通りきる前にキャベツを加え、炒める。

3 余分な油を拭き取り、ジンジャーソテーのもとを加え、全体に絡めながら炒める。

鶏のジンジャーソテー

冷蔵	冷凍	弁当
3~4日	**3~4**週間	◯

材料（2~3人分）

- 鶏もも肉… 1 枚
  （約 250~300g）
- 塩… 少々
- 片栗粉… 大さじ 1
- 玉ねぎ… 1/2 個
- ジンジャーソテーのもと
- サラダ油… 適量

作り方

1 鶏肉は一口大に切り、塩をふって片栗粉をまぶす。玉ねぎは 5 mm幅に切る。

2 フライパンにサラダ油を熱し、玉ねぎを炒め、しんなりしたら一旦取り出す。

3 同じフライパンにサラダ油を少量足し、鶏肉を焼く。全体に焼き色がついてきたら蓋をして弱火にし、2~3 分蒸し焼きにする。

4 キッチンペーパーで油と水気を拭き取って玉ねぎを戻し入れ、ジンジャーソテーのもとを加え、全体に絡めながら炒める。

CHECK | その他のおすすめ食材

ブリ … 片栗粉をまぶして焼き、たれと絡めながら炒める。

厚揚げ … 食べやすい大きさに切り、片栗粉をまぶして焼き、たれと絡めながら炒める。

ピリ辛でやみつきに

チリソース

‖ チリソースのもと ‖

材料

- ケチャップ
  …大さじ 2 と 1/2
- 酒…大さじ 1
- 片栗粉…小さじ 1 と 1/2
- 砂糖…小さじ 1（適宜）
- 鶏ガラスープのもと
  …小さじ 1/2
- 豆板醤…小さじ 1/2
- おろしにんにく
  （チューブ）…8cm
- おろし生姜
  （チューブ）…8cm
- 水…60ml

作り方

1 すべての材料を混ぜ合わせる。
2 食材を炒め、1を加えてさらに
  炒める。

白身魚とじゃがいものチリソース

冷蔵	冷凍	弁当
2~3日	△（じゃがいもを除けばOK）	○

材料（2~3人分）

- タラ(切り身)… 2~3切れ
- じゃがいも … 1個
- 塩、こしょう … 各少々
- 片栗粉 … 小さじ4
- チリソースのもと
- サラダ油 … 適量

作り方

1 タラは骨を取って食べやすい大きさに切り、塩、こしょうをふって片栗粉小さじ2をまぶす。じゃがいもは5mm厚さの輪切りにし、片栗粉小さじ2をまぶす。

2 フライパンにサラダ油を熱し、中弱火でじゃがいもを焼く。火が通ったら一旦取り出す。

3 同じフライパンにサラダ油を足し、中火でタラを焼く。火が通ったら余分な油を拭き取ってじゃがいもを戻し入れ、チリソースのもとを加えて炒める。

卵と厚揚げのチリソース

冷蔵	冷凍	弁当
2~3日	△（卵を除けばOK）	○

材料（2~3人分）

- 卵 … 2個
- 塩、こしょう … 各少々
- 厚揚げ … 150g
- 片栗粉 … 大さじ1と1/2
- チリソースのもと
- サラダ油 … 適量

作り方

1 卵は塩、こしょうを加え溶いておく。厚揚げは7~8mm厚さの短冊切りにし、片栗粉をまぶす。

2 フライパンにサラダ油を熱して溶き卵を入れ、まわりが固まってきたら大きくかき混ぜ、半熟になったら取り出す。

3 フライパンにサラダ油を多めに足し、厚揚げを揚げ焼きにする。カリッとしてきたら余分な油を拭き取り、2を戻し入れてさっと炒める。

4 チリソースのもとを加え、絡めながら炒める。

CHECK | その他のおすすめ食材

鶏肉＆ブロッコリー… 鶏肉は食べやすい大きさに切って塩、こしょうをふって片栗粉をまぶして焼き、小房に分けたブロッコリーを加えて炒め、たれを加えてさらに炒める。

餃子 … 焼いた餃子とたれを絡めながら炒める。

甘酸っぱさがちょうどいい

南蛮漬け

‖ 南蛮たれ ‖

材料

- 水…大さじ2
- 醤油…大さじ1と2/3
- 酢…大さじ1と1/2
- 砂糖…大さじ1/2
- 赤唐辛子(輪切り)…1/2本分

作り方

1 すべての材料を混ぜ合わせ、食材を漬ける。

鶏の南蛮漬け

冷蔵	冷凍	弁当
4~5 日	3~4 週間	○ （汁気は よく取る）

材料（2~3人分）

・鶏むね肉 … 1枚　　　・ピーマン … 1個
　（250~300g）　　　・にんじん … 5cm
・片栗粉 … 大さじ3　　　・南蛮たれ
・玉ねぎ … 1/4 個　　　・サラダ油 … 適量

作り方

1　鶏肉は1cm厚さの食べやすい大きさに切り、片
　　栗粉をまぶす。玉ねぎは薄切りにし、ピーマン
　　とにんじんは千切りにする。

2　保存容器に南蛮たれを入れ、玉ねぎ、ピーマン、
　　にんじんを漬ける。

3　フライパンに多めのサラダ油を熱し、鶏肉を揚
　　げ焼きにする。火が通ったら熱いうちに2に加
　　え、全体を混ぜて漬け込む。

豚の香味南蛮漬け

冷蔵	冷凍	弁当
3~4 日	3~4 週間	○ （汁気は よく取る）

材料（2~3人分）

・豚こま切れ肉 … 200g　　・大葉 … 5枚~
・塩、こしょう　　　　　　・生姜 … 1かけ~
　… 各少々　　　　　　　・南蛮たれ
・片栗粉 … 大さじ2　　　・サラダ油 … 適量
・長ねぎ … 1本~

作り方

1　豚肉は塩、こしょうをふり、片栗粉をまぶす。長
　　ねぎは小口切りにし、大葉と生姜は千切りにする。

2　保存容器に南蛮たれを入れ、長ねぎ、大葉、生
　　姜を漬ける。

3　フライパンにサラダ油を熱し、豚肉を両面に焼
　　き色がつき火が通るまで焼く。熱いうちに2に
　　加え、全体を混ぜて漬け込む。

CHECK ｜ その他のおすすめ食材

鮭 … 食べやすい大きさに切り、片栗粉をまぶして焼き、千切りした好みの野菜と一緒にたれに漬ける。
揚げ野菜 … 好みの野菜を素揚げし、たれに漬ける。

あっさり味で箸が進む

甘酢炒め

‖ 甘酢だれ ‖

材料

- 醤油…大さじ2
- みりん…大さじ2
- 砂糖…大さじ1
- 酢…大さじ1

作り方

1 すべての材料を混ぜ合わせ、
食材に絡めながら炒める。

豚とれんこんの甘酢炒め

冷蔵	冷凍	弁当
3〜4 日	3〜4 週間	○

材料（2〜3人分）

- 豚バラ肉(厚切り)… 200g
- れんこん … 100g
- 片栗粉 … 大さじ3
- 甘酢だれ
- 白いりごま … 大さじ½
- サラダ油 … 適量

作り方

1 豚肉は一口大に切り、片栗粉大さじ2をまぶす。れんこんは5〜6mm厚さの輪切りにし、片栗粉大さじ1をまぶす。

2 フライパンにサラダ油を熱し、れんこんを両面焼き、一旦取り出す。

3 フライパンにサラダ油を足し、豚肉を両面焼く。火が通ったら余分な油を拭き取り、2を戻し入れる。

4 甘酢だれを3に加え、全体に絡めながら炒めて白ごまをふる。

鶏となすの甘酢炒め

冷蔵	冷凍	弁当
3〜4 日	3〜4 週間	○

材料（2〜3人分）

- 鶏もも肉 … 1枚(250〜300g)
- 塩 … 少々
- なす … 1本
- 片栗粉 … 大さじ3
- 甘酢だれ
- サラダ油 … 適量

作り方

1 鶏肉は一口大に切って塩をふり、片栗粉大さじ2をまぶす。なすは5〜6mm厚さの輪切りにし、片栗粉大さじ1をまぶす。

2 フライパンにサラダ油を熱し、中火〜弱火で鶏肉を両面焼く。火が通ったら一旦取り出す。

3 フライパンにサラダ油を足し、中火でなすを両面焼く。余分な油を拭き取り、2を戻し入れる。

4 甘酢だれを3に加え、全体に絡めながら炒める。

CHECK | その他のおすすめ食材

肉団子 … 好みの挽き肉で作って焼いた肉団子にたれを加え、絡める。
タラ&野菜 … 一口大に切ったタラに片栗粉をまぶして焼き、千切りにして炒めた野菜と一緒にたれと絡める。

間違いない味に仕上がる万能調味料

焼肉のたれ

‖ 焼肉のたれ ‖

材料

・焼肉のたれ
　（醤油ベース）… 適量

作り方

1　食材に焼肉のたれを加えて
　炒める。

焼肉のたれチャプチェ

冷蔵	冷凍	弁当
3~4 日	3~4 週間	○

材料（2〜3人分）

・牛こま切れ肉 … 100g
・緑豆春雨(乾燥) … 40g
・ピーマン … 2個
・にんじん … 1/4本
・玉ねぎ … 1/2個
・焼肉のたれ … 大さじ3
・醤油 … 小さじ1/2
・ごま油 … 小さじ2

作り方

1 牛肉は細切りにする。春雨は水に浸けて硬めに戻す。ピーマンとにんじんは千切りに、玉ねぎは薄切りにする。

2 フライパンにごま油を熱し、ピーマン、にんじん、玉ねぎを炒める。しんなりしてきたら牛肉を加え、火が通ったら春雨を加えてさっと炒める。

3 焼肉のたれと醤油を加え、炒める。

焼肉のたれ麻婆豆腐

冷蔵	弁当
2 日	○ (スープジャーがおすすめ)

材料（2〜3人分）

・長ねぎ … 1/2本
・絹ごし豆腐 … 300g
・豚挽き肉 … 150g
・焼肉のたれ … 大さじ5
A｜水 … 大さじ3
　｜醤油 … 小さじ1
　｜豆板醤 … 適宜
・水溶き片栗粉 … 水大さじ1と片栗粉大さじ1

・サラダ油 … 適量

〈食べる直前に〉
・青ねぎ(小口切り) … 適量

作り方

1 長ねぎはみじん切りにする。豆腐は食べやすい大きさに切る。

2 フライパンにサラダ油を熱し、挽き肉と長ねぎを炒める。挽き肉に火が通ったら、焼肉のたれとAを混ぜ合わせてかけ、豆腐を加える。

3 沸騰したら2分程煮込み、水溶き片栗粉を加えてとろみをつける。食べる時に青ねぎをちらす。

CHECK ｜ その他のおすすめ食材

鶏もも肉（唐揚げ）… 食べやすい大きさに切った鶏肉にたれを揉み込み、片栗粉をまぶして揚げる。
豚バラ肉&かぼちゃ… 薄切りにしたかぼちゃに豚肉を巻いて焼き、たれを加えて調味する。

失敗知らずで簡単

レンチンホワイトソース

‖ レンチンホワイトソース ‖

材料

- バター… 15g
- 薄力粉 … 大さじ 2
- 牛乳 … 200㎖
- コンソメ(顆粒)
  … 小さじ 2/3
- 塩、こしょう … 各少々

作り方

1 耐熱ボウルにバターを入れ、600Wの電子レンジで 10 秒ずつ加熱して溶かす。

2 薄力粉を加え、泡だて器でなめらかになるまで混ぜる。牛乳を少しずつ加えて混ぜる。

3 ふんわりとラップをかけて 600Wの電子レンジで 1 分加熱し、泡だて器でよく混ぜる。さらに 1 分加熱してよく混ぜ、30 秒ずつ加熱しては混ぜを繰り返し、なめらかにとろみがつくまで続ける。

4 コンソメ、塩、こしょうを加えて味を調える。

じゃがケチャグラタン

冷蔵 **2~3** 日　弁当 ○

材料（2~3人分）

- じゃがいも
  … 2個（約300g）
- 塩 … 少々
- レンチンホワイトソース
- ケチャップ
  … 適量（目安45g）
- ピザ用チーズ … 50g

作り方

1 じゃがいもは5mm厚さの輪切りにして塩をふり、濡らしたキッチンペーパーを被せ、ラップをかけて600Wの電子レンジで3~4分、火が通るまで加熱する。

2 耐熱容器に1を並べ、レンチンホワイトソースをかける。ケチャップを全体にかけ、チーズをのせる。

3 トースター（200℃）で5分程焼く。

卵のグラタン

冷蔵 **2** 日　弁当 ○

材料（2~3人分）

- 卵 … 2~3個
- ほうれん草 … 1/2束
- ベーコン（ブロック）
  … 60g
- 塩 … 少々
- レンチンホワイトソース
- ピザ用チーズ … 50g
- サラダ油 … 適量

作り方

1 鍋に湯を沸かし、卵をやや固めに茹でる。殻を剥いて1cm厚さの輪切りにする。

2 ほうれん草は3~4cm長さに切る。ベーコンは7~8mm厚さの1cm幅に切る。

3 フライパンにサラダ油を熱し、2を入れて炒め、塩をふる。

4 耐熱容器に3を入れてレンチンホワイトソースをかける。その上に1を並べ、チーズをのせる。

5 トースター（200℃）で5分程焼く。

CHECK | その他のおすすめ食材

ホールコーン&春巻きの皮 … ホワイトソースとコーンを混ぜて春巻きの皮で包み、揚げ焼きにする。
食パン&好みの食材&チーズ … 一口大に切った食パンを耐熱容器に並べ、加熱した好みの食材とホワイトソースを合わせてかけ、チーズをのせトースターで焼く。

手が込んでいる風に仕上がる

トマト煮

‖ トマト煮のもと ‖

材料

- トマト缶(カット)… 1/2 缶(200g)
- おろしにんにく(チューブ)… 5cm
- コンソメ(顆粒)… 小さじ1
- ハーブソルト … 適量
  (塩、こしょうでも可)

作り方

1 食材を加熱し、トマト缶、にんにく、コンソメを加えて煮込む。

2 ハーブソルトで味を調え、水気が少し残るくらいまで煮込む。

鶏ときのこのトマト煮

冷蔵	冷凍	弁当
3~4 日	**3~4** 週間	○

材料（2～3人分）

- 鶏もも肉 … 1枚
  （250～300g）
- 玉ねぎ … 1/2個
- しめじ … 1/2パック
- トマト煮のもと
- オリーブオイル … 適量
- パセリ（乾燥）… 適宜

作り方

1 鶏肉は一口大に切る。玉ねぎは5mm幅に切る。しめじはほぐす。

2 鍋にオリーブオイルを熱し、鶏肉を皮目から焼く。焼き色がついたら裏返して鍋の端に寄せ、空いたスペースに玉ねぎを加えて1分程炒める。

3 しめじを加えてさっと全体を混ぜ、トマト煮のもとのトマト缶、にんにく、コンソメを加える。ふつふつしてきたら蓋をし、中弱火で15分程煮込む。

4 ハーブソルトを加え、好みの汁気量になるまで煮詰める。器に盛り、好みでパセリをちらす。

サバ缶でトマト煮

冷蔵	冷凍	弁当
3~4 日	**3~4** 週間	○

材料（2～3人分）

- サバ缶（水煮）
  … 200g（身のみ）
- 玉ねぎ … 1/2個
- トマト煮のもと
- オリーブオイル … 適量
- パセリ（乾燥）… 適宜

作り方

1 サバは適当な大きさにほぐす。玉ねぎは5mm幅に切る。

2 鍋にオリーブオイルを熱し、玉ねぎを1分程炒める。

3 サバ、トマト煮のもとのトマト缶、にんにく、コンソメを加え、ふつふつしてきたら蓋をして中弱火で15分程煮込む。

4 ハーブソルトを加え、好みの汁気量になるまで煮詰める。器に盛り、好みでパセリをちらす。

CHECK | その他のおすすめ食材

魚介＆好みの野菜 … 魚介と好みの野菜に調味料を加えて煮る。
ウインナー＆好みの野菜 … ウインナーと好みの野菜に調味料を加えて煮る。

トマトミート

‖ トマトミート ‖

材料

- 玉ねぎ…½個
- 合い挽き肉…200g
- トマト缶(カット)…½缶
- ケチャップ…大さじ3
- コンソメ(顆粒)…小さじ2と½
- ウスターソース…大さじ1
- おろしにんにく(チューブ)…5cm
- 塩、こしょう…各少々

作り方

1 玉ねぎはみじん切りにする。

2 フライパンに油(分量外)を熱して玉ねぎを炒め、透き通ってきたら挽き肉を加える。

3 挽き肉の色が変わったら余分な油を拭き取り、残りの材料をすべて加えて、水分が少なくなるまで煮込む。

なすの トマトミートチーズ焼き

材料（2~3人分）

・ なす … 2~3本
・ トマトミート
・ ピザ用チーズ … 50g
・ サラダ油 … 適量

作り方

1 なすは6~7mm厚さの輪切りにする。
2 フライパンにサラダ油を熱し、1を両面焼く。
3 耐熱皿に2とトマトミートを入れてチーズをのせ、トースター（200℃）で5分程焼く。

トマトミートの春巻き

材料（2~3人分）

・ 春巻きの皮 … 10枚
・ トマトミート
・ ピザ用チーズ … 適量
・ 水溶き薄力粉 … 水小さじ2と薄力粉小さじ2
・ サラダ油 … 適量

作り方

1 春巻きの皮にトマトミートとチーズをのせて巻き、巻き終わりを水溶き薄力粉でのりづけする。
2 フライパンに多めのサラダ油を低温に熱し、1の両面をじっくりと揚げ焼きにする。

CHECK | その他のおすすめ食材

卵 … オムレツを作る要領で、中にトマトミートを入れる。
ごはん＆チーズ … 耐熱皿にごはんを入れ、トマトミート、チーズを順にのせ、トースターで焼く。

それだけでも十分おいしい

マッシュポテト

‖ マッシュポテト ‖

材料

- じゃがいも … 1 個(150g)
- 牛乳 … 50 ㎖
- おろしにんにく
   (チューブ)… 1 ㎝
- バター… 10g
- 塩、こしょう … 各適量

作り方

1 じゃがいもは適当な大きさ
に切る。

2 鍋に湯を沸かし、**1** を茹でる。
火が通ったら湯を捨て、弱火
にかけて水分を飛ばす。

3 火を止めてじゃがいもを潰し、
残りの材料を加えてよく混
ぜ合わせる。

✕ 鮭のマッシュチーズ焼き

冷蔵	冷凍	弁当
2~3 日	**3~4** 週間	○

材料（2〜3人分）

- 鮭(切り身)… 2〜3切れ
  (塩鮭でも)
- 塩、こしょう … 各適量
- マッシュポテト
- ピザ用チーズ … 50g
- サラダ油 … 適量
- パセリ(乾燥) … 適量

作り方

1 鮭は一口大に切り、塩、こしょうをふる(塩鮭の場合はこしょうのみ)。
2 フライパンにサラダ油を熱し、中火〜弱火で1を火が通るまで両面焼く。
3 耐熱皿に2を並べ、マッシュポテトを全体にのせる。チーズものせてトースター(200℃)で5分程焼き、パセリをちらす。

✕ 鶏のマッシュチーズ焼き

冷蔵	冷凍	弁当
2~3 日	**3~4** 週間	○

材料（2〜3人分）

- 鶏むね肉 … 1枚
  (250g〜300g)
- 塩、こしょう … 各適量
- マッシュポテト
- ピザ用チーズ … 50g
- サラダ油 … 適量
- パセリ(乾燥) … 適量

作り方

1 鶏肉は1cm厚さに切り、塩、こしょうをふる。
2 フライパンにサラダ油を熱し、中火〜弱火で1を火が通るまで両面焼く。
3 耐熱皿に2を並べ、マッシュポテトを全体にのせる。チーズものせてトースター(200℃)で5分程焼き、パセリをちらす。

CHECK │ その他のおすすめ食材

ピーマン&ツナ&チーズ … マッシュポテトにツナを混ぜ、縦半分に切ったピーマンに詰めてチーズをのせ、トースターで焼く。

スモークサーモン … マッシュポテトをスモークサーモンで巻く。

しっかりごまが香る

ごま味噌炒め

‖ ごま味噌炒めのもと ‖

材料

- 味噌…大さじ1と½
- 白いりごま…大さじ1と½
- みりん…大さじ1と½
- 醤油…小さじ2
- 砂糖…小さじ2

作り方

1 すべての材料を混ぜ合わせ、食材に加えて炒める。

豚とズッキーニの ごま味噌炒め

冷蔵	冷凍	弁当
3~4日	**3~4**週間	○

材料（2~3人分）

- ズッキーニ … 1/2 本
- 豚こま切れ肉 … 200g
- ごま味噌炒めのもと
- サラダ油 … 適量

作り方

1 ズッキーニは 7~8 mm 厚さの輪切りにする。

2 フライパンにサラダ油を熱してズッキーニを焼き、両面に焼き色がついたら一旦取り出す。

3 フライパンにサラダ油を足し、豚肉を炒める。火が通ったら **2** を戻し入れる。

4 ごま味噌炒めのもとを加え、絡めながら炒める。

鶏とじゃがいもの ごま味噌炒め

冷蔵	冷凍	弁当
2~3日	△（じゃがいもを除けばOK）	○

材料（2~3人分）

- 鶏むね肉 … 1 枚（約200~250g）
- 塩 … 適量
- 片栗粉 … 小さじ 2~3
- じゃがいも … 1 個
- ごま味噌炒めのもと
- サラダ油 … 適量

作り方

1 鶏肉は 7~8 mm 厚さの食べやすい大きさに切り、塩をふり片栗粉をまぶす。じゃがいもは 5 mm 厚さの輪切りにし、耐熱容器に入れて濡らしたキッチンペーパーを被せ、ラップをかけて 600W の電子レンジで 3~4 分加熱する。

2 フライパンにサラダ油を熱し、鶏肉を両面焼く。火が通ったらじゃがいもを加え、軽く炒める。

3 ごま味噌炒めのもとを加え、炒める。

CHECK | その他のおすすめ食材

鮭＆キャベツ … 食べやすく切った鮭とキャベツを炒め、たれを加えて炒める。

厚揚げ＆ピーマン … 食べやすく切った厚揚げとピーマンを炒め、たれを加えて炒める。

濃厚な洋食おかずに

デミ風ソース

‖ デミ風ソース ‖

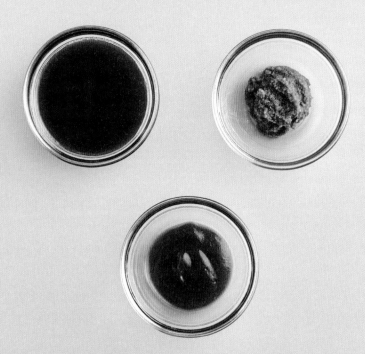

材料

- 中濃ソース…大さじ2
- 味噌…小さじ2
- ケチャップ…小さじ2

作り方

1　すべての材料を混ぜ合わせ、加熱した食材に加えて炒める。

╳ 豚のデミ風ソース炒め

冷蔵	冷凍	弁当
3~4日	**3~4**週間	○

材料（2〜3人分）

- 豚バラ肉(薄切り)… 200g
- 玉ねぎ … 1/2 個
- デミ風ソース
- 塩、こしょう …各少々
- サラダ油 … 適量

作り方

1 豚肉は食べやすい大きさに切る。玉ねぎは薄切りにする。

2 フライパンにサラダ油を熱し、玉ねぎを炒める。透き通ってきたら豚肉を加え、火が通るまで炒める。

3 デミ風ソースを加えて炒め、塩、こしょうで味を調える。

╳ 洋風鶏つくね

冷蔵	冷凍	弁当
3~4日	**3~4**週間	○

材料（2〜3人分）

- 玉ねぎ … 1/3 個
- 鶏挽き肉 … 300g
- マヨネーズ … 大さじ3
- 塩、こしょう …各少々
- デミ風ソース（分量調整パターン）
  - 中濃ソース … 大さじ3
  - 味噌 … 大さじ1
  - ケチャップ … 大さじ1
- サラダ油 … 適量

作り方

1 玉ねぎはみじん切りにする。ボウルに挽き肉、玉ねぎ、マヨネーズ、塩、こしょうを入れ、よく混ぜる。

2 フライパンにサラダ油を熱し、1を食べやすい大きさに平たく丸めて並べる。中弱火で両面を焼き、火が通ったらデミ風ソースを加えて絡める(デミ風ソースに水大さじ1〜2を加えると、絡めやすくなる)。

CHECK | その他のおすすめ食材

オムライス … デミ風ソースに水適量を加えて煮詰め、オムライスにかける。
ピザ … 好みの具材をデミ風ソースで炒め、ピザ生地にのせてチーズものせ、オーブンで焼く。

濃厚クリームがおいしい

チーズクリーム煮

‖ チーズクリーム煮のもと ‖

材料

- 薄力粉…小さじ 2
- 牛乳…250㎖
- コンソメ(顆粒)…小さじ ½
- 塩、こしょう…各適量
- ピザ用チーズ…40g

作り方

1 炒めた食材に薄力粉を加えて全体に馴染ませ、牛乳とコンソメを加え 5 分程煮る。

2 とろみがついてきたら塩、こしょうを加えて味を調え、チーズを加えて溶かす。

鮭のチーズクリーム煮

冷蔵 2~3 日

材料（2~3人分）

- 鮭（切り身）… 2~3切れ
  （塩鮭でも）
- 塩、こしょう … 各適量
- 薄力粉（鮭用）… 小さじ2
- ほうれん草 … 1/2束
- しめじ
  … 1/2パック
- オリーブオイル
  … 適量
- チーズクリーム煮
  のもと

作り方

1 鮭は骨を取り除いて食べやすい大きさに切り、塩、こしょうをふって（塩鮭なら塩は省く）薄力粉をまぶす。ほうれん草は長さ3~4cmに切り、しめじはほぐしておく。

2 鍋にオリーブオイルを熱し、鮭を両面焼く。焼き色がついたら鍋の端に寄せ、ほうれん草を加えて炒める。

3 ほうれん草がしんなりしたらしめじを加えて軽く炒め、チーズクリーム煮のもとの薄力粉を全体にふりかける。

4 牛乳とコンソメを加えて5分程、時々混ぜながら煮る。とろみがついてきたら塩、こしょうを加えて味を調え、チーズを加えて溶かす。

鶏のチーズクリーム煮

冷蔵 2~3 日

材料（2~3人分）

- 鶏もも肉 … 1枚
  （約200~300g）
- 塩、こしょう … 各適量
- じゃがいも … 1個
- にんじん … 5cm
- ブロッコリー
  … 小房5~6個
- オリーブオイル … 適量
- チーズクリーム煮のもと

作り方

1 鶏肉は食べやすい大きさに切り、塩、こしょうをふる。じゃがいもとにんじんは5mm厚さの輪切りにし、耐熱容器に入れて濡らしたキッチンペーパーを被せ、ラップをかけて600Wの電子レンジで2~3分加熱する。

2 鍋にオリーブオイルを熱し、鶏肉を皮目から焼く。ある程度火が通ったらじゃがいも、にんじん、ブロッコリーを加え軽く炒め、チーズクリーム煮のもとの薄力粉を全体にふりかける。

3 牛乳とコンソメを加えて5分程、時々混ぜながら煮る。とろみがついてきたら塩、こしょうを加えて味を調え、チーズを加えて溶かす。

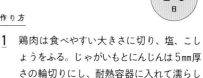

CHECK | その他のおすすめ食材

かぼちゃ＆鶏肉 … 食べやすく切ったかぼちゃと鶏肉を炒め、調味料を加えて煮る。
ごはん＆ベーコン … ごはんと適当な大きさに切ったベーコンを炒め、調味料を加えて煮る。

アートディレクション ………………………………… 細山田光宣
デザイン …………… 鎌内 文、橋本 葵（細山田デザイン事務所）
撮影 ……………………………………………… 井手勇貴
フードスタイリング ……………………………… 亀井真希子（エーツー）
調理補助 ……… 杉山奈津子、石川みのり、日根綾海（エーツー）
校正 …………………………………… 東京出版サービスセンター
編集 ………………………………………… 安田 遥（ワニブックス）

合わせ調味料 ╳ 食材 ＝ 無限大

地味でも絶品

副菜手帖

kana 著

2023年12月8日　初版発行

発行者 ……………………………………………… 横内正昭
編集人 ……………………………………………… 青柳有紀
発行所 …………………………………… 株式会社ワニブックス
〒150-8482
東京都渋谷区恵比寿4-4-9　えびす大黒ビル
ワニブックスHP　http://www.wani.co.jp/
（お問い合わせはメールで受け付けております。
HPより「お問い合わせ」へお進みください）
※内容によりましてはお答えできない場合がございます。

印刷所 …………………………………………… 株式会社美松堂
製本所 …………………………………………… ナショナル製本